Guide to RUSSIAN Idioms

Справочник Идиом РУССКОГО ЯЗЫКА

Loretta S. Gray, Ph.D.

Dinara Georgeoliani, Ph.D.

Printed on recyclable paper

PASSPORT BOOKS
a division of NTC/CONTEMPORARY PUBLISHING COMPANY
Lincolnwood, Illinois USA

Library of Congress Cataloging-in-Publication Data

Gray, Loretta S.
    Guide to Russian idioms = Spravochnik idiom russkogo iazyka /
Loretta S. Gray, Dinara Georgeoliani.
        p.   cm.
    "Passport books."
    Includes indexes.
    ISBN 0-8442-4246-2
    1. Russian language—Idioms—Dictionaries—English.
I. Georgeoliani, Dinara.   II. Title.
PG2460.G74   1996
491.73'21—dc20   96-15706
                                                                CIP

Published by Passport Books
An imprint of NTC/Contemporary Publishing Company
4255 West Touhy Avenue, Lincolnwood (Chicago), Illinois 60646-1975 U.S.A.
Copyright © 1997 by NTC/Contemporary Publishing Company
Printed in the United States of America
International Standard Book Number: 0-8442-4246-2

9 0 VP 9 8 7 6 5 4 3 2

Contents

Contents

Acknowledgments

We owe thanks to family, friends, and colleagues, who willingly offered their time and their native sense for idioms. Special thanks go to the following: Diana Salmina, Associate Professor of Russian Philology and Culture at Herzen State Pedagogical University of Russia; Vyacheslav Zaitsev, Senior Lecturer at Belarusian State Pedagogical University; and Mark Halperin, Professor of English at Central Washington University.

Introduction

This book aims at providing a reference tool for all students of Russian, whether they are in high school, university, or other classes. It will also be of value to those who simply want to enrich their knowledge of and feel for the Russian language.

Idioms can be a very rewarding aspect of language study, offering a fascinating glimpse into ways of thinking that are unique to a particular language community. It is this uniqueness that frequently makes literal translations impossible. Russian idioms often conjure up a picture that has no discernible connection with their English meanings. For instance, one would hardly guess that the expression "брать с потолка" [literally, "*to take (something) from the ceiling*"] means "*to make something up out of whole cloth.*" Nor could one guess that "намылить шею" [literally, "*to soap (someone's) neck*"] actually means "*to rake someone over the coals.*" When the Russians go broke, they "fly out the chimney" ("вылететь в трубу"), and when they are out of their element, they are "not in their own plates" ("быть не в своей тарелке"). The Russian language contains many such expressions, and they are one of the sources of its richness and fascination.

Idioms tend to be used strategically; that is, they capture and express the feelings and observations of a speaker when maximum effect with a minimum of language is desired. An appreciation of their content and a sensitivity to their nuances in certain contexts are, therefore, a mark of competent language use.

For easy reference, the idioms in this book are grouped within clearly defined subject areas and listed alphabetically. Five of the subject areas (Action; Moods; Personal Qualities and Character Traits; Relationships and States of Mind; and Speech) include several subtopics.

Example sentences in Russian, along with the English translations, illustrate the use of each idiom in context. The Russian idioms are accompanied by an indication of which case the succeeding noun takes, usually "кому-либо" for dative and "кого-либо" for accusative. Words separated by a slash indicate the imperfective and perfective forms of the verb. Words in parentheses are synonyms.

This book can be used in a number of ways:

(a) using the Table of Contents at the front of the book to find idioms that are appropriate to a particular subject area;

(b) using the index of key Russian words to look up a particular idiom;

(c) using the index of English idioms to find the equivalent Russian expression.

1. Action

Assertiveness, Busyness, Effort

БИТЬ

бить в (одну) точку
to hammer away at something

Когда он работает над математической проблемой, он обычно бъёт прямо в одну точку.
When he works on a math problem, he usually hammers away at it.

БРАТЬ

брать/взять быка за рога
to take the bull by the horns

Когда принимаешься за новое дело, надо сразу же брать быка за рога.
When you start up a new business, you just have to take the bull by the horns.

ВЕРТЕТЬСЯ

вертеться как белка в колесе
to be as busy as a beaver

Она вертится как белка в колесе, работая с утра до вечера.
She is as busy as a beaver, working from morning until night.

ВКЛАДЫВАТЬ

вкладывать/вложить душу во что-либо
to put one's heart and soul into something

Этот актёр вкладывает всю душу в каждую из своих ролей.

This actor puts his heart and soul into each of his roles.

ВОРОТИТЬ

воротить/своротить горы
to move mountains

Петров—трудолюбивый работник. Он готов своротить горы, если представится такая возможность.

Petrov is a hard worker; he is ready to move mountains if given the opportunity.

ДОСТАВАТЬ

доставать/достать что-либо **из-под земли**
to go to the ends of the earth to get something

Он был готов из-под земли достать для меня все нужные книги.

He was ready to go to the ends of the earth to get all the books I needed.

ЛЕЗТЬ

из кожи вон лезть
to bend over backwards

Он всегда из кожи вон лезет, чтобы ей понравиться.

He always bends over backwards to make an impression on her.

НАЖИМАТЬ

нажимать/нажать на все педали
to go all out

Я нажимаю на все педали, чтобы закончить доклад к сроку.

I've really been going all out so that I can finish my paper on time.

ОБИВАТЬ

обивать пороги чьи-либо, чего-либо
to beat a path to someone's door

Когда было объявлено о новых рабочих местах, безработные стали обивать пороги завода.

When new jobs were announced, the unemployed started to beat a path to the factory door.

РАБОТАТЬ

работать не покладая рук
to work round the clock

В прошлом году я работал не покладая рук, чтобы скопить денег для поездки в Испанию.

Last year I worked round the clock to save money for my trip to Spain.

РАЗБИВАТЬСЯ

разбиваться/разбиться в лепёшку
to put oneself out

Мне надо будет разбиться в лепёшку, чтобы закончить доклад к сроку.

I'll have to put myself out to finish my report on time.

РАЗРЫВАТЬСЯ

разрываться/разорваться на части
to be pulled in different directions

В течение многих лет мой отец работал на трёх работах и постоянно разрывался на части.

For many years my father worked three jobs and was constantly pulled in different directions.

РАСХЛЁБЫВАТЬ

расхлёбывать кашу
to set something straight

Кто-то запутал весь этот отчёт, а мне теперь приходится расхлёбывать кашу.

Someone made a mess of this report and now I have to set it straight.

Carelessness

ДЕЛАТЬ

делать/сделать что-либо **спустя рукава**
to let things slide

Он всё делает спустя рукава, так что не давай ему такой важной работы.

He always lets things slide, so don't give him such important work.

Dishonesty, Harmfulness

ДАВАТЬ

давать/дать на лапу кому-либо
to grease someone's palm

Я думаю, он получил эту работу, дав на лапу
начальнику.
I think he greased his boss's palm to get this job.

ЗАВАРИВАТЬ

заваривать/заварить кашу
to stir up trouble

Если ты расскажешь о том, что видел, заварится
каша.
If you say what you saw, it will only stir up trouble.

ЗАМЕТАТЬ

заметать/замести следы
to cover one's tracks

Ему не удастся замести следы и выйти из этой
ситуации с незапятнанной репутацией.
He will not be able to cover his tracks and come out of this
situation with his reputation intact.

ЗАПУСКАТЬ

запускать/запустить руку во что-либо
to have one's hand in the till

Его уволили с работы за то, что он запустил руку
в казну.
He was fired because he had his hand in the till.

КОПАТЬСЯ

копаться в грязном белье
to air someone's dirty linen in public

Этот политик любит копаться в грязном белье
своего оппонента.
This politician likes to air his opponent's dirty linen in public.

ЛИТЬ

лить воду на чью-либо мельницу
to play into someone's hands

Критикуя мою рукопись, ты льёшь воду на мельницу
моего соперника.
By criticizing my manuscript, you are playing into my rival's
hands.

ЛОВИТЬ

ловить рыбу в мутной воде
to fish in troubled waters

Есть сегодня в России люди, которые используют
нестабильность в своих интересах и наживаются,
иными словами, ловят рыбу в мутной воде.
There are people in today's Russia who use instability for their
own interests and become rich; in other words, they fish in
troubled waters.

МУТИТЬ

мутить воду
to muddy the water

Никто в фирме его не любит, потому что он
намеренно мутит воду и натравляет людей друг на
друга.

Nobody in the company likes him because he deliberately muddies the water and plays people off against each other.

НАБИВАТЬ

набивать/набить себе карман
to line one's own pockets

Директор завода набивал себе карман за счёт рабочих.

The factory director lined his own pockets at the workers' expense.

НАЖИМАТЬ

нажимать/нажать на все кнопки
to pull strings

Мне придётся нажать на все кнопки, чтобы получить эту работу.

I'll have to pull strings to get this job.

НАКЛЕИВАТЬ

наклеивать/наклеить ярлыки (ярлык) на кого-либо
to pin a label on someone

Не зная человека, не следует наклеивать на него ярлык.

If you don't know a person, you shouldn't pin a label on him.

НАЛОМАТЬ

наломать дров
to make a mess of things

Прежде чем начнёте преподавать, посоветуйтесь с опытным педагогом, а то можете дров наломать.

You should consult an experienced teacher before you start teaching. Otherwise, you might make a mess of things.

НАПУСКАТЬ

напускать/напустить туману
to cloud the issue

Рассказывая о происхождении языка, лектор напустил такого туману, что в конце мы ничего не поняли.
When he talked about the origin of the language, the lecturer clouded the issue; in the end, we didn't understand anything.

ПОДЛИВАТЬ

подливать/подлить масла в огонь
to add fuel to the fire

Иван хотел возразить начальнику, но видя, что тот зол, решил не подливать масла в огонь.
Ivan wanted to disagree with his boss, but seeing that he was angry, decided not to add fuel to the fire.

ПОКАЗЫВАТЬ

показывать/показать своё (истинное) лицо
to show one's true colors

Вначале муж моей сестры казался приличным человеком, но потом показал своё истинное лицо.
My sister's husband at first seemed a pleasant man, but then he showed his true colors.

САМ

Сам заварил кашу, сам и расхлёбывай.
You made your bed; now lie in it.

После моей ссоры с директором друг сказал мне:
"Сам заварил кашу, сам и расхлёбывай".
After my quarrel with the director, my friend told me, "You made your bed, now lie in it."

Foolishness

МЕНЯТЬ

менять/променять шило на мыло
to go from bad to worse

Продав свою машину и купив поддержанную, я променял шило на мыло.
When I sold my car and bought a used one, things went from bad to worse.

ПОКУПАТЬ

покупать/купить кота в мешке
to buy a pig in a poke

Прежде чем приобрести щенка, нужно ознакомиться с его родословной, чтобы не купить кота в мешке.
To avoid buying a pig in a poke, you should learn the pedigree of the puppy before you buy it.

РУБИТЬ

рубить сук, на котором сидишь
to bite the hand that feeds one

Я уверен, что он не говорит о преступной деятельности своего начальника только потому, что не хочет рубить сук, на котором сидит.
I'm sure he's not talking about his boss's criminal activities only because he doesn't want to bite the hand that feeds him.

Idleness

ПЛЕВАТЬ

плевать в потолок
to idle away one's time

Моя новая соседка нигде не работает и целый день плюёт в потолок.
My new neighbor doesn't work anywhere and just idles away her time all day long.

СИДЕТЬ

сидеть сложа руки
to twiddle one's thumbs

"Я не могу просто так сидеть сложа руки, дайте мне, пожалуйста, какую-нибудь работу", попросил Дима.
"I can't just sit here and twiddle my thumbs. Give me some work, please," Dima pleaded.

СИДЕТЬ

сидеть у моря и ждать погоды
to let the grass grow under one's feet

Надо работать, вместо того чтобы сидеть у моря и ждать погоды.

You should work instead of just letting the grass grow under your feet.

Risk

ИГРАТЬ

играть (шутить) с огнём
to play with fire

Когда ты связан с преступными группировками—ты играешь с огнём.
When you run around with gangs, you're playing with fire.

СТАВИТЬ

ставить/поставить всё на одну карту
to put all one's eggs in one basket

Вложив все свои деньги в одно дело, он поставил всё на одну карту.
By investing all his money in one enterprise, he put all his eggs in one basket.

Thinking

ЛОМАТЬ

ломать голову над чем-либо
to rack one's brains

Студент ломал голову, но так и не смог решить эту проблему.
The student racked his brains, but couldn't solve this problem.

Uselessness, Waste of Time

ДЕЛИТЬ

делить/поделить шкуру неубитого медведя
to count one's chickens before they hatch

"Нечего делить шкуру неубитого медведя",
посоветовала Марине подруга, когда та опять
начала мечтать о том, как она потратит деньги,
если выиграет миллион долларов.

"Don't count your chickens before they hatch," Marina's
friend advised her when Marina again started to dream about
how to spend the million dollars she might win.

ЕЗДИТЬ

ездить (поехать) в Тулу со своим
самоваром
to carry coals to Newcastle

Джон привёз Вадиму в подарок матрёшку из
Америки: это всё равно, что ездить в Тулу со
своим самоваром.

John brought Vadim "a matrioshka" from America as a gift; it
was like carrying coals to Newcastle.

ИСКАТЬ

искать иголку в стоге сена
to look for a needle in a haystack

Искать книгу в библиотеке, не зная ни фамилии
автора, ни названия книги, всё равно, что искать
иголку в стоге сена.

Looking for a book in the library when you don't know the author's name or the title is like looking for a needle in a haystack.

СРАЖАТЬСЯ

сражаться с ветряными мельницами
to tilt at windmills

Хватит сражаться с ветряными мельницами, займись чем-нибудь полезным!
Stop tilting at windmills; do something useful!

СТРОИТЬ

строить/построить воздушные замки
to build castles in the air

Моя дочь—мечтательница и постоянно строит воздушные замки: то она хочет полететь на Марс, то разводить бананы на севере.
My daughter is a daydreamer, constantly building castles in the air: one minute she wants to fly to Mars, and then she wants to grow bananas in the North.

2. Alcohol

БЫТЬ

быть под градусом
to be tipsy

Когда я встретила его на улице, он опять был под градусом.

When I met him in the street, he was tipsy again.

БЫТЬ

быть под мухой
to be three sheets to the wind

Он был под мухой и не решился вести машину.

He was three sheets to the wind and didn't dare to drive.

В

в доску (напиваться, быть пьяным)
to be blind drunk

Мужчина был пьян в доску, и мне пришлось помочь ему перейти улицу.

The man was blind drunk, and I had to help him cross the street.

ВЫПИВАТЬ

выпивать/выпить лишнее
to have one too many

Вчера он выпил лишнее, и сегодня у него болит голова.

Yesterday he had one too many, and today he has a headache.

ЗАЛИВАТЬ

заливать/залить горе вином
to drown one's sorrows

После смерти сына он стал много пить, стараясь залить горе вином.
After his son's death, he started to drink, trying to drown his sorrows.

НАПИВАТЬСЯ

напиваться/напиться до чёртиков
to be stewed to the gills

На дне рождения у подруги мой муж напился до чёртиков.
At my friend's birthday party, my husband was stewed to the gills.

НЕ БРАТЬ

капли в рот не брать
not to touch a drop [of alcohol]

Вот уже два месяца, как он капли в рот не берёт.
For two months, he hasn't touched a drop.

НЕ ПРИКЛАДЫВАТЬСЯ

не прикладываться к рюмке (к бутылке)
to be on the wagon

Вот уже два года, как он не прикладывается к рюмке, и за это время капли в рот не брал.
He's been on the wagon for two years; he hasn't touched a drop of alcohol in that time.

ПИТЬ

пить запоем
to drink to excess

Он становится агрессивным, когда начинает пить запоем.
When he drinks to excess, he becomes aggressive.

ПРОПУСКАТЬ

пропускать/пропустить по стаканчику
to have a little nip

Врачи запретили ему пить, но иногда, когда никого нет дома, он пропускает по стаканчику.
The doctors forbade him to drink alcohol, but he sometimes has a little nip when nobody's at home.

ПЬЯН

мертвецки пьян
dead drunk

Когда я встретила моего друга на улице, он был мертвецки пьян.
When I met my friend in the street, he was dead drunk.

С

с пьяных глаз
in one's cups

Не верь ему, с пьяных глаз он чего только не наобещает!
Don't trust him. When he's in his cups, he will promise anything!

УДАРЯТЬ

ударять/ударить в голову   кому-либо [о вине]
to go to one's head

Вино было крепким и сразу же ударило мне в голову.

The wine was strong and it went right to my head.

3. Alertness

БЫТЬ

быть бдительным
to be on the lookout

В этом городе опасно ходить ночью, но если придётся, надо быть бдительным.

It is dangerous to walk at night in this town, but if you have to, you should be on the lookout.

ДЕРЖАТЬ

держать ухо востро
to watch one's step

Когда разговариваешь с ней, держи ухо востро Она—известная сплетница.

When talking to her, watch your step. She is a notorious gossip.

СМОТРЕТЬ

смотреть в оба
to keep one's eyes peeled

Можно ожидать с минуты на минуту нового нападения. Поэтому смотри в оба за противником.

You can expect a new attack any minute now. So keep your eyes peeled for the enemy.

4. Appearance

БРОСАТЬСЯ

бросаться/броситься кому-либо **в глаза**
to catch someone's eye

В витрине магазина мне бросилось в глаза красивое платье.
The beautiful dress in the store window caught my eye.

ВЕРСТА

коломенская верста
like a beanpole

Это очень смешная пара. Она—коротышка, а он как коломенская верста.
They make a funny couple. She's short, and he's like a beanpole.

ВОРОНА

белая ворона
an odd bird

Наш профессор—белая ворона: одевается как никто другой.
Our professor is an odd bird: He dresses like no one else.

КАК

бледен как смерть
as pale as death

Он очень болен и бледен как смерть.
He's very sick and looks as pale as death.

КАК

как лунь (седой, седая)
as white as snow (white-haired)

Видите, вон там сидит как лунь седой человек?
Это мой дедушка.

Do you see that man over there with hair as white as snow?
He's my grandfather.

КАК

как на картинке
as pretty as a picture

Моя племянница прямо как на картинке в своём
новом платье.

My niece is as pretty as a picture in her new dress.

КОЖА

(одна) кожа да кости
nothing but (just) skin and bones

Тебе следует побольше есть. Ты просто одна кожа
да кости.

You need to eat more. You're just skin and bones.

КРОВЬ

кровь с молоком
the very picture of health

Моей бабушке девяносто пять лет, но она прямо
кровь с молоком.

My grandmother is ninety-five years old, but she's the very
picture of health.

ЛИЦО

лица нет на ком-либо
as white as a sheet

Когда я посмотрела на него, на нём лица не было.
When I looked at him, he was as white as a sheet.

МОЩИ

живые мощи
a walking skeleton

Во время болезни он сильно похудел и сейчас выглядит как живые мощи.
When he was sick, he lost weight, and now he's just a walking skeleton.

НИ

ни кожа, ни кости
as thin as a rail

Анна привела в дом сироту, девочку лет пяти, ни кожа, ни кости и бледная такая.
Anna brought an orphan into her home—a girl of about five, as thin as a rail, and very pale.

С

с иголочки (одет, одета)
to be as neat as a pin

Она была одета с иголочки, так как шла на вечеринку.
She was as neat as a pin because she was going to a party.

5. Death, Fatal Illness

ДНИ

дни сочтены кого-либо, чьи-либо
one's days are numbered

Её дни сочтены. Так что лучше навести её сейчас.
Her days are numbered. It's best you see her now.

ИСПУСКАТЬ

испускать/испустить последний вздох
to breathe one's last

Наконец бедный Акакий Акакиевич испустил последний вздох.
Finally, poor Akakiy Akakievich breathed his last.

КОНЧАТЬ

кончать/окончить дни свои
to end one's days

Моя бабушка хотела окончить свои дни в деревне, где она родилась.

My grandmother wanted to end her days in the country, where she was born.

КОНЧАТЬ

кончать/покончить с собой
to take one's own life

Долгое время моя соседка была в депрессии и однажды прошлой весной покончила с собой.
My neighbor had been depressed for a long time; and one day last spring, she took her own life.

МЕЖДУ

между жизнью и смертью
between life and death

После ужасной аварии моя сестра находилась между жизнью и смертью почти целую неделю.

After the terrible accident, my sister hovered between life and death for almost a week.

НА

на смертном одре
on one's deathbed

И только на смертном одре он признался ей в том, что любил её всю жизнь.

And only on his deathbed did he confess to her that he had loved her all his life.

НАКЛАДЫВАТЬ

накладывать/наложить на себя руки
to die by one's own hand

Все знали, что Тамара наложила на себя руки.

Everybody knew that Tamara died by her own hand.

НЕ

не жилец на белом свете
not long for this world

Он очень серьёзно болен. Думаю, он не жилец на этом свете.

His illness is very serious. I think he's not long for this world.

ОТДАВАТЬ

отдавать/отдать концы
to make an exit

У него была высокая температура, и, пока
приехала скорая, он чуть концы не отдал.
He had a high fever and before the ambulance arrived, he had
almost made an exit.

ПРИ

при смерти
at death's door

Как она могла оставить мужа одного и поехать
отдыхать, когда он при смерти?
How could she leave her husband alone and go on vacation
when he was at death's door?

ПУСКАТЬ

пускать/пустить себе пулю в лоб
to blow one's brains out

После того, как его признали виновным в
преступлении, он пустил себе пулю в лоб.
After he was found guilty of the crime, he blew his brains out.

СТОЯТЬ

стоять одной ногой в могиле
to have one foot in the grave

Понимая, что он уже стоит одной ногой в могиле,
пожилой человек решил написать сыну, с которым
поссорился много лет назад.
When he realized that he had one foot in the grave, the elderly
man decided to write to the son he had quarreled with many
years ago.

СЫГРАТЬ

сыграть в ящик
to kick the bucket

Мне не нравится, когда люди употребляют выражение "сыграть в ящик" вместо того, чтобы сказать "умереть".

I don't like it when people use the phrase "to kick the bucket" instead of saying "to die."

УХОДИТЬ

уходить/уйти из жизни
to pass away

Мне трудно было смотреть, как постепенно угасала жизнь моей матери и как тихо она уходила из жизни.

It was hard for me to watch how gradually my mother's life was failing and how quietly she was passing away.

6. Difficulties, Unpleasant Situations

БЫТЬ

быть(оказаться) между двух огней
to be between a rock and a hard place

Когда друзья Марины рассорились, она оказалась между двух огней, так как не знала, кого из них пригласить на свой день рождения.

When Marina's friends quarreled, she found herself between a rock and a hard place because she didn't know who to invite to her birthday party.

БЫТЬ

быть(оказаться) между молотом и наковальней
to be between the devil and the deep blue sea

После революции 1917 года русская интеллегенция оказалась между молотом и наковальней: с одной стороны, были красные, а с другой—белые.

After the Revolution of 1917, the Russian intelligentsia were between the devil and the deep blue sea: on one side there were the Reds; on the other, the Whites.

БЫТЬ

быть(оказаться) между небом и землёй
to be in limbo

Потеряв работу, молодой человек оказался между небом и землёй.

Having lost his job, the young man was in limbo.

ВИСЕТЬ

висеть/повиснуть (держаться) на волоске (на ниточке)
to hang by a thread

После того, как был опубликован отчёт о его научной деятельности, его карьера повисла на волоске.

When the report on his scientific activities appeared, his career hung by a thread.

ЗАХОДИТЬ

заходить/зайти в тупик
to hit a stumbling block

Молодой инженер зашёл в тупик, работая над докладом.

The young engineer hit a stumbling block while working on his paper.

ИЗ

из огня да в полымя (попасть)
to jump out of the frying pan into the fire

Уйдя с этой работы и перейдя на другую, он попал из огня да в полымя.

In quitting this job and taking another, he jumped out of the frying pan and into the fire.

ПОБЫВАТЬ

побывать в переделках
to have been through the mill

У него трудная жизнь: он побывал в разных переделках.

He has a difficult life: he's been through the mill.

ПОПАДАТЬ

попадать/попасть в переплёт
to get into hot water

Я попал в такой переплёт, когда вышел на экзамен неподготовленным!

I got into hot water when I took my exam unprepared.

ПОПАДАТЬ

попадать/попасть впросак
to pull a boner

Я не знал, что сделка уже была заключена, и попал впросак со своим предложением.

I didn't know that this deal had already been settled, so I pulled a boner with my offer.

ПРОХОДИТЬ

проходить/пройти сквозь огонь и воду
to go through hell and high water

Ему пришлось пройти сквозь огонь и воду, прежде чем он достиг положения, которое он занимает сегодня.

He really had to go through hell and high water to get where he is today.

САДИТЬСЯ

садиться/сесть в лужу
to get oneself into a fix

На экзамене он сел в лужу, так как был совсем не готов.

At the exam, he got himself into a fix because he was completely unprepared.

САДИТЬСЯ

садиться/сесть на мель
to be in a jam

Я села бы на мель, если бы брат не одолжил мне денег.

I would've been in a jam if my brother hadn't lent me the money.

СТАНОВИТЬСЯ

становиться/стать в тупик
to be at a loss

С такой проблемой я столкнулся впервые и, честно говоря, стал в тупик.

This is the first time I have run across this problem, and, frankly speaking, I'm at a loss.

ХВАТАТЬСЯ

хвататься/схватиться за соломинку
to grasp at straws

Он знал, что умирает, но, как все люди, хватался за соломинку и ждал чуда.

He knew he was dying, but like everyone he grasped at straws, and waited for a miracle.

ХОДИТЬ

ходить по краю пропасти
to be living on the edge

Неужели ты не понимаешь, что ходишь по краю пропасти? Тебе следует быть более осторожным.

Don't you understand that you are living on the edge? You need to be more careful.

7. Fear

ВОЛОСЫ

волосы становятся (стали) дыбом у кого-либо
to make someone's hair stand on end

Когда я вошёл в комнату и увидел на полу
безжизненное тело, у меня волосы стали дыбом.
When I entered the room and saw a lifeless body on the floor, it
made my hair stand on end.

ДРОЖАТЬ

дрожать как осиновый лист
to shake like a leaf

Мальчика оставили одного в большом тёмном доме, и
от каждого звука он дрожал как осиновый лист.
The boy was left alone in the big dark house, and each sound
made him shake like a leaf.

ДУША

душа уходит (ушла) в пятки у кого-либо
one's heart is in one's mouth

Услышав тяжёлые шаги сзади, я так перепугалась,
что у меня душа ушла в пятки.
Hearing heavy steps behind me, I got so scared that my heart
was in my mouth.

КРОВЬ

кровь стынет (застыла) в жилах у кого-либо
to make someone's blood run cold

У него кровь застыла в жилах, когда он увидел изуродованное тело своего друга.

When he saw his friend's disfigured body, it made his blood run cold.

МОРОЗ

мороз по коже пробегает у кого-либо
to break out in a cold sweat

Каждый раз, когда я вспоминаю об аварии, у меня мороз по коже пробегает.

Whenever I remember the accident, I break out in a cold sweat.

МУРАШКИ

мурашки бегают (бегали/забегали) по спине у кого-либо
to have chills run up and down one's spine

Когда я увидел тень во дворе, у меня мурашки забегали по спине.

When I saw a shadow in the yard, chills ran up and down my spine.

НЕ ПОПАДАЕТ

зуб на зуб не попадает (не попадал) от страха у кого-либо
one's teeth chatter

Когда мне пришлось ходить одному по кладбищу ночью, у меня зуб на зуб не попадал от страха.

When I had to walk alone in the cemetery at night, my teeth were chattering.

НИ

ни жив, ни мёртв
more dead than alive

Мальчик был ни жив, ни мёртв от потрясения.
Because of the shock, the boy was more dead than alive.

НОГИ

ноги подкосились у кого-либо
to have one's legs give way

Я так испугался, что у меня ноги подкосились от страха.
I got so frightened that my legs gave way.

ПОДЖИЛКИ

поджилки трясутся (тряслись/затряслись) у кого-либо
to shake in one's shoes

Во время экзамена я так волновалась, что у меня поджилки тряслись.
During the exam, I was so nervous I was shaking in my shoes.

8. Financial Status

БИТЬ

бить (ударять/ударить) по карману кого-либо
to cost a pretty penny

Я купил себе новую машину, что сильно ударило меня по карману.
I bought a new car, and it really cost a pretty penny.

ВЫЛЕТАТЬ

вылетать/вылететь в трубу
to go broke

Бедная Тамара! Вылетает в трубу из-за своего неудачного бизнеса.
Poor Tamara! She's going broke because of her unsuccessful business.

ДНО

золотое дно
a gold mine

Было время, когда Сибирь была золотым дном для торговцев мехами.
There was a time when Siberia was a gold mine for fur traders.

ЖИТЬ

жить в нищете
not to have two nickels to rub together

После смерти отца семья жила в нищете.
After the father died, the family didn't have two nickels to rub together.

ЖИТЬ

жить как у Христа за пазухой
to live like royalty

Когда Алик выиграл в лотерее, он зажил как у Христа за пазухой.
When Alex won the lottery, he started to live like royalty.

ЖИТЬ

жить на широкую ногу
to live on easy street

Они живут на широкую ногу и могут всё себе позволить.
They live on easy street and can afford anything.

ЖИТЬ

жить припеваючи
to live high on the hog

Имея отца миллионера, она живёт припеваючи.
Having a millionaire father, she lives high on the hog.

КАК

беден как церковная крыса
as poor as a church mouse

Николай два года как без работы. О себе он говорит шутливо: "Я беден как церковная крыса".
Nikolay has been unemployed for two years. He would say about himself jokingly, "I'm as poor as a church mouse."

КАТАТЬСЯ

как сыр в масле кататься
to live in the lap of luxury

Он получил приличное наследство и сейчас как сыр в масле катается.

He received a substantial inheritance and is now living in the lap of luxury.

КЛАСТЬ

класть/положить зубы на полку
to pinch pennies

Если бы я не получил эту работу, мне пришлось бы положить зубы на полку.

If I hadn't gotten this job, I would have had to pinch pennies.

КОШЕЛЁК

пустой (тощий) кошелёк
flat broke

Когда у него были деньги, друзья его не забывали. А теперь, кому он нужен с пустым кошельком?

When he had money, his friends wouldn't leave him alone, but now who needs him, when he's flat broke?

КОШЕЛЁК

тугой (толстый) кошелёк
a fat wallet

В этот магазин ходят только покупатели с тугим кошельком.

Only customers with fat wallets go to this store.

МЕСТО

тёплое место (местечко)
a cushy job

Вадим попросил своего влиятельного родственника какого-нибудь тёплого местечка.
Vadim asked his influential relative for a cushy job.

НЕ КЛЮЮТ

денег куры не клюют
to be rolling in dough

Моя сестра получила наследство, и теперь у неё денег куры не клюют.
My sister just received an inheritance, and now she's rolling in dough.

НИ

ни кола, ни двора
to have neither house nor home

У Николая Петровича ничего своего не было: ни кола, ни двора.
Nikolai Petrovich didn't have anything, neither house nor home.

ОСТАВАТЬСЯ

оставаться/остаться без рубашки
to lose one's shirt

Банк лопнул, и я остался буквально без рубашки.
The bank went broke, and I really lost my shirt.

ПЕРЕБИВАТЬСЯ

перебиваться с хлеба на воду (на квас)
to live on bread and water

Писатель перебивался с хлеба на воду до тех пор, пока его книга не принесла ему известность.
The writer lived on bread and water until his book became a bestseller.

СВОДИТЬ

сводить/свести концы с концами
to make ends meet

Марина работала много, стараясь свести концы с концами.
Marina worked hard to make ends meet.

ХОДИТЬ

ходить с протянутой рукой
to live from hand to mouth

Россия переживает сейчас трудное время, и многие ходят с протянутой рукой.
Russia is experiencing difficult times, and many people live from hand to mouth.

ЧАША

полная чаша
in clover

Ещё недавно они были бедными, а теперь их дом полная чаша.
Not long ago they were poor; now they live in clover.

9. Haste, Speed

БЕЖАТЬ

бежать что есть (было) духу
to run like crazy

Наташа бежала, что было духу, чтобы успеть на автобус.
Natasha ran like crazy to catch the bus.

БРОСАТЬСЯ

бросаться/броситься со всех ног
to run as fast as one's legs can carry one

Вадим выскочил во двор, а затем бросился со всех ног на улицу.
Vadim ran out into the yard and then into the street as fast as his legs could carry him.

В

в два счёта
in the twinkling of an eye

Она узнала его в два счёта.
She recognized him in the twinkling of an eye.

ВО

во все лопатки
at full blast

Вор схватил кошелёк и побежал во все лопатки.
The thief grabbed the purse and ran away at full blast.

ДЕЛАТЬ

делать/сделать что-нибудь **на скорую руку**
to do something in great haste

Он позавтракал на скорую руку и поехал в
аэропорт.
He ate breakfast in great haste and drove to the airport.

КАК

**как угорелый (бегать, метаться,
носиться)**
to run around like mad

Целый день я ношусь без отдыха как угорелый.
All day long I run around like mad without any rest.

НА

на всех парах (нестись, мчаться, бежать)
to run at full speed

Спринтер нёсся на всех парах.
The sprinter ran at full speed.

ОДНА

одна нога здесь, другая там у кого-либо
to do something with lightning speed

Если попросить его сделать что-либо, то у него
одна нога здесь, а другая там.
If you ask him to do something, he does it with lightning
speed.

ПЛЕСТИСЬ

плестись как черепаха
to move at a snail's pace

Не плетись как черепаха: мы опоздаем на поезд.
Don't move at a snail's pace; we'll be late for the train.

ПОСПЕШИШЬ

Поспешишь—людей насмешишь.
Haste makes waste.

Отец учил меня всё делать основательно. Он
часто говорил: "Поспешишь—людей насмешишь"
My father taught me to do things carefully. He would often
say, "Haste makes waste."

ПРИБАВЛЯТЬ

прибавлять/прибавить шагу
to quicken one's pace

Услышав шум за спиной, я прибавила шагу.
Hearing a noise from behind, I quickened my pace.

ПУСТИТЬСЯ

пуститься наутёк
to run at a breakneck pace

Арестованный выпрыгнул из милицейской машины и
пустился наутёк.
The man who had been arrested jumped out of the police car
and started to run at a breakneck pace.

ПЯТКИ

только пятки сверкают (сверкали) у кого-
либо
to take to one's heels

Я не смог догнать её: она бежала так быстро, что только пятки сверкали.

I couldn't catch up with her; she had already taken to her heels.

УНОСИТЬ

уносить/унести ноги
to escape by the skin of one's teeth

На нас напала собака, и мы еле унесли ноги.

The dog attacked us, but we escaped by the skin of our teeth.

10. Knowledge

ДЕЛАТЬ

делать/сделать что-либо **с закрытыми глазами**
to be able to do something blindfolded

Я могу решить эту задачу с закрытыми глазами.
I can solve this problem blindfolded.

ЗНАТЬ

знать что-либо **вдоль и поперёк**
to know something inside out

Она родилась в Москве и знает этот город вдоль и поперёк.
She was born in Moscow and knows the city inside out.

ЗНАТЬ

знать все ходы и выходы
to know all the ins and outs

Спроси Вадима, как получить финансирование под этот проект: он знает все ходы и выходы.
Ask Vadim how to get funding for this project: he knows all the ins and outs.

ЗНАТЬ

знать что-либо **как свои пять пальцев**
to know something like the palm of one's hand

Она знает этот предмет как свои пять пальцев.
She knows this town like the palm of her hand.

ЗНАТЬ

знать что-либо **от корки до корки**
to have a good command of something

Когда ему было всего семь лет, он уже знал
начальную математику от корки до корки.
When he was only seven, he already had a good command of
elementary math.

ЗНАТЬ

знать (понимать) толк в ком-либо, в чём-
либо
to know one's stuff

Мы взяли его на работу, потому что он знает толк
в своём деле.
We hired him because he really knows his stuff.

РАЗБИРАТЬСЯ

хорошо разбираться/разобраться в чём-
либо
to be well versed in something

Он хорошо разбирается в русской литературе.
He is well versed in Russian literature.

СЪЕСТЬ

собаку съесть на чём-либо, в чём-либо
to be an old hand at doing something

Надо попросить Марину организовать эту
экскурсию: она на этом деле собаку съела.
You should ask Marina to organize this excursion; she is an old
hand at doing it.

11. Misbehavior

ВПАДАТЬ

впадать/впасть в крайность
to go to extremes

"Не надо впадать в крайность и обвинять его во всех твоих неудачах", посоветовал мне друг.
"You shouldn't go to extremes and accuse him of all your misfortunes," my friend advised me.

ЗАХОДИТЬ

заходить/зайти далеко
to go too far

В своих шутках он нередко заходил слишком далеко.
He often went too far when he joked.

ЛЕЗТЬ

лезть/полезть на рожон
to ask for trouble

Оскорбляя этого человека, ты явно лез на рожон.
When you insulted that man, you were plainly asking for trouble.

ОТБИВАТЬСЯ

отбиваться/отбиться от рук
to get out of hand

Он совсем отбился от рук, когда запил.
He got completely out of hand when he started to drink.

ПЕРЕХОДИТЬ

переходить/перейти (всякие) границы
to step out of line

Она не отличается вежливостью и часто переходит всякие границы.

She isn't very polite; she often steps out of line.

ХОДИТЬ

ходить на голове
to make mischief

Ты что, пришёл сюда, чтоб ходить на голове?

Have you come here to make mischief?

12. Moods

Anger, Frenzy

ВЫХОДИТЬ

выходить/выйти из себя
to lose one's temper

Он был спокойным человеком и редко выходил из себя.

He was a calm man and seldom lost his temper.

ДРОЖАТЬ

дрожать/задрожать от ярости
to shake all over with rage

Моя подруга задрожала от ярости, узнав об измене мужа.

A friend of mine shook all over with rage when she found out her husband had cheated on her.

ЗАДЫХАТЬСЯ

задыхаться/задохнуться от гнева
to choke with anger

Когда я возразил начальнику, он чуть не задохнулся от гнева.

When I talked back to my boss, he almost choked with anger.

КИПЕТЬ

кипеть (закипать/закипеть) от злобы
to seethe with rage

Его успокоить было невозможно, он весь кипел от злобы.

It was impossible to calm him down; he was seething with rage.

ЛЕЗТЬ

лезть/полезть на стенку
to hit the ceiling

Эти разговоры обычно кончаются тем, что он начинает лезть на стенку и кричать так громко, что соседям становится слышно.

These conversations usually end up with his hitting the ceiling and shouting so loudly that the neighbors could hear.

МЕТАТЬ

метать гром и молнии
to rant and rave

Лучше не подходи к нему сегодня: он мечет гром и молнии по поводу своего увольнения.

You better not get near him today; he's ranting and raving because he was fired.

ПРИХОДИТЬ

приходить/прийти в ярость
to have a fit

Узнав, что подруга предала её, она пришла в ярость.

When she learned that her friend had betrayed her, she had a fit.

РВАТЬ

рвать и метать
to fly off the handle

Он рвал и метал, узнав, что невеста решила
порвать с ним.
He flew off the handle when he found out that his bride-to-be
had decided to break up with him.

СТАНОВИТЬСЯ

становиться/стать на дыбы
to kick up a fuss

Когда мы обсуждаем новый проект, мой партнёр
обычно становится на дыбы, если я с ним не
соглашаюсь.
When we discuss a new project, my partner usually kicks up a
fuss if I disagree with him.

Anxiety, Confusion, Excitement

БЕГАТЬ

бегать как угорелая кошка
to run around like a chicken with its head cut off

Что ты бегаешь весь день как угорелая кошка? У
тебя ещё есть время, чтобы закончить проект.
Why are you running around like a chicken with its head cut
off? You still have time to finish the project.

ДУША

душа болит у кого-либо
one's heart sinks

У меня душа болит, когда я думаю о будущем моих
детей.
My heart sinks when I think about my children's future.

ДУША

душа не на месте у кого-либо
to feel ill at ease

Я сам не знаю, почему у меня душа не на месте.
Ведь я уверен, что заседание пройдёт хорошо.
I don't know myself why I feel ill at ease. I'm sure the meeting
will go fine.

КАК

как на (горячих) угольях
as jumpy as a cat on a hot tin roof

Я весь как на горячих угольях, потому что у меня
сегодня собеседование.
I'm as jumpy as a cat on a hot tin roof because of the interview
today.

КИДАТЬ

кидает (кинуло) в жар кого-либо
to be thrown into a tizzy

Когда я думаю о предстоящем экзамене по
математике, меня кидает в жар.
When I think about the upcoming exam in math, it throws me
into a tizzy.

НЕРВЫ

нервы не в порядке у кого-либо
to be on edge

У него сегодня нервы не в порядке, потому что завтра обсуждается его проект.

He is really on edge today because tomorrow they'll discuss his project.

РВАТЬ

рвать на себе волосы
to tear one's hair out

Узнав об её отъезде, он так расстроился, что буквально стал рвать на себе волосы.

When he learned of her departure, he was so upset that he felt like tearing his hair out.

РУКИ

руки чешутся у кого-либо
one's fingers itch to do something

У меня руки чешутся, так хочется начать работать на новом компьютере.

My fingers are itching to get at that new computer.

СЕРДЦЕ

сердце болит у кого-либо
one's heart aches

У меня сердце болит, когда я думаю о сыне, которого не видела уже два года.

My heart aches when I think of the son I haven't seen for two years.

Dejection, Desperation

БИТЬСЯ

биться головой об стенку
to beat one's head against the wall

Не бейся головой об стенку! Это не стоит того.
Don't beat your head against the wall! It's not worth it.

ДОВОДИТЬ

доводить/довести себя до отчаяния
to eat one's heart out

Не стоит доводить себя до отчаяния. Найдёшь себе другую работу.
It's not worth eating your heart out over it. You'll find another job.

КАК

как в воду опущенный
to feel down in the dumps

Моя бабушка ходит как в воду опущенная, потому что дедушка в больнице.
Grandma feels down in the dumps because Grandpa is in the hospital.

КАК

как на иголках (быть, находиться)
to be on pins and needles

В ожидании письма от сына мать была как на иголках.
The mother was on pins and needles waiting for a letter from her son.

КАМЕНЬ

камень на сердце у кого-либо
to have a heavy heart

У него как камень на сердце: его мать неизличимо
больна.

He has a heavy heart because his mother is terminally ill.

ПАДАТЬ

падать/упасть (пасть) духом
to lose heart

Узнав, что его книгу опять не приняли, он совсем
пал духом.

When he found out that his book was rejected again, he
completely lost heart.

ПРИНИМАТЬ

принимать/принять близко к сердцу что-
либо
to take something to heart

Зачем ты принимаешь так близко к сердцу эту
ерунду? Не беспокойся об этом!

Why are you taking this nonsense to heart? Don't worry about
it!

СЕРДЦЕ

сердце кровью обливается у кого-либо
one's heart bleeds

У меня сердце кровью обливается, когда я думаю о
её бессмысленной смерти.

My heart bleeds when I think about her senseless death.

ТЯЖЕЛО

тяжело на душе у кого-либо
to feel sick at heart

После разговора с директором у меня тяжело на душе.
After an unpleasant conversation with the director, I felt sick at heart.

ХВАТАТЬСЯ

хвататься/схватиться за голову
to be struck with despair

Он схватился за голову, узнав о смерти сестры.
He was struck with despair when he learned of his sister's death.

Enjoyment, Happiness

БЫТЬ

быть безмерно счастливым
as happy as a clam

Друзья были безмерно счастливы, проведя лето на моей даче.
My friends were as happy as clams, spending the summer at my dacha.

БЫТЬ

быть на верху блаженства
to walk on air

Он на верху блаженства: девушка, которую он
любит, согласилась выйти за него замуж.
He is walking on air—the young woman he loves has agreed to
marry him.

БЫТЬ

быть на седьмом небе
to be in seventh heaven

Она была на седьмом небе, когда молодой человек,
которого она любила, сделал ей предложение.
She was in seventh heaven when the young man she loved
asked her to marry him.

КАК

как рыба в воде
as a duck takes to water

Играя в шахматы, он чувствовал себя как рыба в
воде.
He took to playing chess as a duck takes to water.

НЕ ПОМНИТЬ

не помнить себя от радости
to be beside oneself with joy

Он получил награду за свою картину и не помнил
себя от радости.
He received an award for his painting and was beside himself
with joy.

С

с лёгким сердцем
lightheartedly

Зная, что мать присмотрит за сыном, она с лёгким сердцем согласилась на поездку.

Knowing that her mother would take care of her son, she agreed to the trip lightheartedly.

СЕРДЦЕ

сердце прыгает от радости у кого-либо
one's heart leaps with joy

У меня сердце прыгает от радости, когда я думаю о том, что скоро увижу свою дочь.

My heart leaps with joy when I think of seeing my daughter soon.

Laughter

ВАЛЯТЬСЯ

валяться со смеху (от смеха)
to roll in the aisles

Комик так остроумно шутил, что мы все валялись от смеха.

The comedian's jokes were so funny that we were rolling in the aisles.

КАТАТЬСЯ

кататься со смеху (от смеха)
to roll (on the floor) with laughter

От шуток моего брата все катались со смеху.

My brother's jokes made everyone roll with laughter.

ЛОПНУТЬ

лопнуть со смеху
to burst at the seams

Я чуть не лопнула со смеху, увидив себя в зеркале с короткими волосами.

I nearly burst at the seams when I saw myself in the mirror with short hair.

СМЕЯТЬСЯ

смеяться в кулак
to laugh up one's sleeve

Моя подруга старалась не показать виду, что ей смешно, но всем было видно, что она смеётся в кулак.

My friend tried to act as if she had not been at all amused, but you could tell she was laughing up her sleeve.

СМЕЯТЬСЯ

смеяться до слёз
to laugh until one cries

Пьеса была такой смешной, что мы смеялись до слёз.
The play was so funny we laughed until we cried.

УМИРАТЬ

умирать/умереть (помирать/помереть) со смеху
to die with laughter

Я люблю смотреть фильмы Чарли Чаплина и каждый раз умираю со смеху.
I like to watch Charlie Chaplin's movies, and each time I do I die with laughter.

ХОХОТАТЬ

хохотать/захохотать во всё горло
to roar with laughter

Вчера, когда мой брат читал сборник анекдотов, он хохотал во всё горло.

Yesterday while my brother was reading a joke book, he roared with laughter.

Moodiness

БЫТЬ

быть не в духе
to be in low spirits

Вчера весь день он был не в духе, так как получил плохую оценку по русской литературе.

All day yesterday, he was in low spirits because he had received a bad grade in Russian literature.

БЫТЬ

быть (чувствовать себя) не в своей тарелке
to be out of one's element

Он чувствовал себя не в своей тарелке и на вечеринке ни с кем не разговаривал.

He was out of his element and didn't talk to anyone at the party.

ВПАДАТЬ

впадать/впасть в уныние
to be down in the mouth

Он впал в уныние, узнав, что его дипломную
работу не приняли.
He was down in the mouth after learning that his thesis hadn't
been accepted.

ВСТАВАТЬ

вставать/встать с левой ноги
to get up on the wrong side of the bed

Что с тобой сегодня? Ты что, с левой ноги встал?
What's wrong with you today? Did you get up on the wrong
side of the bed, or what?

ИМЕТЬ

иметь кислый вид
to have a long face

У тебя такой кислый вид сегодня! Что случилось?
You have a long face today! What's wrong?

НЕ

не по себе
not to feel quite like oneself

Извини, мне что-то не по себе сегодня. Не
возражаешь, если я пойду домой?
Excuse me, I don't feel quite like myself today. Do you mind if
I go home?

ОПУСКАТЬ

опускать/опустить руки
not to have the heart to do something

Мне надо её уволить, но каждый раз у меня опускаются руки.

I should fire her, but I don't have the heart to do it.

САМ

сам не свой
not to be oneself

Оставьте его в покое. Он сам не свой, потому что на прошлой неделе у него угнали машину.

Leave him alone. He hasn't been himself since his car was stolen last week.

Relief

ВЗДЫХАТЬ

вздыхать/вздохнуть свободно
to give a sigh of relief

Когда закончились все экзамены, я вздохнула свободно.

When all the exams were over I gave a sigh of relief.

ВОСПРЯНУТЬ

воспрянуть духом
to cheer up

Получив повышение, он воспрянул духом.
He cheered up when he got promoted.

КАК

как гора с плеч (свалилась) у кого-либо
a load off someone's mind

У меня как гора с плеч свалилась, когда мне сказали, что мой сын поступил в университет.

It was a load off my mind when I was told that my son had been admitted to the University.

НАСТРОЕНИЕ

настроение поднимается (поднялось) у кого-либо
one's spirits rise

У меня поднялось настроение, когда я узнал, что мне повысили зарплату.
My spirits rose when I found out that my salary was increased.

Arrogance

БЫТЬ

быть/стать заносчивым (заносчивой)
as proud as a peacock

После того, как моя подруга вышла замуж за известного учёного, она очень изменилась и стала заносчивой.
After my friend married a famous scholar, she changed a lot and became as proud as a peacock.

ДУМАТЬ

много думать о себе
to think too much of oneself

На работе его никто не любит, так как он слишком много о себе думает.
Nobody likes him at work because he thinks too much of himself.

ЗАДИРАТЬ

задирать/задрать нос
to put on airs

Я не люблю, когда люди задирают нос.
I don't like it when people put on airs.

ИМЕТЬ

иметь о себе большое представление
to think highly of oneself

У неё слишком большое представление о себе: она
считает себя лучшей студенткой в группе.
She thinks so highly of herself that she believes she is the best
student in her class.

СЧИТАТЬ

считать себя пупом земли
to consider oneself the center of the universe

Он считает себя пупом земли.
He considers himself the center of the universe.

Callousness

БЫТЬ

быть безсердечным человеком
to have a heart of stone

Она безсердечный человек и никогда никому не
сочувствует.
She has a heart of stone and never sympathizes with anybody.

БЫТЬ

быть чёрствым человеком
to be a hardhearted person

Его жена оказалась чёрствым человеком, и вскоре
он развёлся с ней.
His wife turned out to be a hardhearted person, and he soon
divorced her.

НЕ ИМЕТЬ

не иметь сердца
to be heartless

Его трудно разжалобить, и иногда я думаю, что у него вообще нет сердца.

It's difficult to move him to pity; sometimes I think he is completely heartless.

Cleverness

ВАРИТ

котелок (голова) варит у кого-либо
to have something on the ball

У этой девочки котелок варит, что надо: раз объясни ей и этого достаточно.

This girl really has something on the ball; you only have to explain something to her once and that's enough.

ГОЛОВА

светлая голова
as smart as a whip

Все приходили за советом к моему дяде, так как считали, что у него светлая голова.

Everyone used to come to my uncle for advice because he was considered as smart as a whip.

ИМЕТЬ

иметь голову на плечах
to have a good head on one's shoulders

Я уверен, что он решит свои проблемы. У него есть голова на плечах!

I'm sure he'll solve his problems. He has a good head on his shoulders!

ИМЕТЬ

иметь живой ум
to have a quick mind

Она не была хорошо образованным человеком, но имела живой ум.
She wasn't well educated, but she had a quick mind.

ИМЕТЬ

иметь свою голову на плечах
to be able to think for oneself

Ему только пятнадцать лет, но он уже имеет свою голову на плечах.
He's only fifteen, but he can think for himself.

ЛОБ

семи пядей во лбу
as wise as an owl

Александр, хоть и семи пядей во лбу, но он не сможет справиться с таким большим проектом.
Alexander, though wise as an owl, can't handle such a big project.

ПАЛАТА

ума палата у кого-либо
a person of great intellect

У нашего заведующего кафедрой ума палата: он знает много языков и хорошо разбирается в искусстве.
The head of our department is a man of great intellect. He knows many languages and is knowledgeable about art.

ПАРЕНЬ

парень с мозгами
a brainy fellow

Я уверен, что он сможет написать этот доклад: он
ведь парень с мозгами!
I'm sure he can write this report; after all, he's a brainy fellow.

ПОДАВАТЬ

подавать надежды
to have a lot of promise

Когда ему было всего шесть лет, он подавал
большие надежды.
When he was only six, he had a lot of promise.

УМ

Ум хорошо, а два лучше.
Two heads are better than one.

Попросив брата помочь мне с математикой, я
сказал ему: "Ум хорошо, а два лучше".
Asking my brother to help me with math, I told him, "Two
heads are better than one."

ХВАТАТЬ

хватать/схватить (схватывать) на лету
что-либо
to grasp things quickly

У него была замечательная способность схватывать
на лету всё, что ему объясняли.
He had a remarkable ability to grasp quickly everything that
was explained to him.

ЧЕЛОВЕК

человек с головой
as sharp as a tack

Прислушайся к его совету: он человек с головой.
Listen to his advice. He's as sharp as a tack.

ЭНЦИКЛОПЕДИЯ

ходячая энциклопедия
a walking encyclopedia

К нему можно обратиться по любому вопросу: он—
ходячая энциклопедия.
You can ask him any question; he's a walking encyclopedia.

Cowardice

БОЯТЬСЯ

бояться собственной тени
to be afraid of one's own shadow

Он был подозрительным человеком и боялся
собственной тени.
He was a mistrustful man, afraid of his own shadow.

ДРОЖАТЬ

дрожать за свою шкуру
to be afraid of getting into trouble

Она никогда открыто не выражает своего мнения,
так как дрожит за свою шкуру.
She never openly expresses her opinion because she's afraid of
getting into trouble.

КИШКА

кишка тонка у кого-либо
not to have the nerve

Не проси его сделать это, у него кишка тонка.
Don't ask him to do that. He doesn't have the nerve.

УХОДИТЬ

уходить/уйти в кусты
to back out

Он не сделал ничего из того, что обещал: видно, испугался и ушёл в кусты.
He didn't do what he promised; evidently he got scared and backed out.

Craziness

ЛИАТЬСЯ

лишатьс/лишиться ума (рассудка)
to lose one's mind

Он ведёт себя так странно! Можно подумать, что он лишился рассудка.
He is acting so strangely that you would think he'd lost his mind.

НЕ

не в своём уме
to be out of one's mind

Он вёл себя так, как-будто был не в своём уме.
He behaved as though he were out of his mind.

НЕ

не все дома у кого-либо
not to have all one's marbles

Как он мог это сделать? У него, конечно, не все дома.

How could he do that? He definitely doesn't have all his marbles.

НЕ ХВАТАЕТ

винтика не хватает в голове у кого-либо
to have a screw loose

Подруга моей сестры собирается сделать татуировку на носу. Думаю, у неё винтика не хватает в голове.

My sister's friend is going to have her nose tattooed! I think she must have a screw loose.

СХОДИТЬ

сходить/сойти с ума
to go out of one's mind

Почему ты сделал это? Ты что, с ума сошёл?
Why did you do this? Have you gone out of your mind?

ТРОНУТЬСЯ

тронуться умом (рассудком)
to have bats in one's belfry

Анна ходит босиком по снегу. Она что, тронулась умом?
Anna walks barefoot through the snow! Does she have bats in her belfry?

Decency, Honesty

БЫТЬ

быть/стать требовательным к себе
to set high standards for oneself

Он всегда требователен к себе и много работает для достижения поставленной цели.

He always sets high standards for himself and works hard to achieve his goal.

БЫТЬ

быть человеком слова
to be as good as one's word

На него можно положиться: он человек слова.

You can rely on him; he is as good as his word.

ИМЕТЬ

иметь чистые руки
to have clean hands

Он никогда не брал взяток, и все знают, что у него чистые руки.

He's never taken bribes, and everyone knows he has clean hands.

НАЗЫВАТЬ

называть вещи своими именами
to call a spade a spade

Он говорит то, что думает и всегда называет вещи своими именами.

He says what he thinks and always calls a spade a spade.

Dishonorableness

БЫТЬ

быть двуличным (двуличной)
to be two-faced

Он оказался двуличным человеком и за моей спиной
говорил обо мне гадости.

He turned out to be two-faced. He said bad things about me
behind my back.

БЫТЬ

быть склочником (склочницей)
to be a troublemaker

Всем на работе известно, что он склочник.

Everyone at work knows that he is a troublemaker.

ДРЯНЬ

порядочная дрянь
a bad egg

Моя подруга оказалась порядочной дрянью: отбила
мужа у своей сестры.

My friend turned out to be a bad egg: she stole her sister's
husband.

НЕЧИСТ

нечист (нечиста) на руку
to be light-fingered

Мне сказали, что она нечиста на руку и что ей
нельзя доверять деньги.

I was told that she was light-fingered and couldn't be trusted
with money.

РЫЛЬЦЕ

рыльце в пуху у кого-либо
one's hands are dirty

По-моему, у него рыльце в пуху, поэтому он и
хочет побыстрее уйти с этой работы.
I think his hands are dirty; that's why he wants to quit this job.

СИДЕТЬ

сидеть между двух стульев
to serve two masters

Я не доверяю людям, которые сидят между двух
стульев. Трудно понять, что они на самом деле
думают.
I don't trust people who serve two masters. You never know
what they really think.

СЛУЖИТЬ

служить и нашим и вашим
double-dealing

Я думал, что он поддерживает нас, но, на самом
деле, он служил и нашим и вашим.
I thought he supported us, but in fact he was guilty of double-
dealing.

Disposition

БЫТЬ

быть вспыльчивым человеком
to be quick-tempered

Мой брат вспыльчивый человек, и с ним трудно
ладить.
My brother is quick-tempered and difficult to deal with.

БЫТЬ

быть покладистым человеком
to be easy to get along with

Её друг покладистый человек.
Her friend is easy to get along with.

ВЛАДЕТЬ

владеть собой
to have good self-control

Моя подруга умеет владеть собой и в самых
трудных ситуациях остаётся спокойной.
My friend has good self-control; she stays calm in the most
difficult situations.

Dreaminess, Unawareness

ВИТАТЬ

витать в облаках
to have one's head in the clouds

Она витает в облаках с тех пор, как влюбилась, и
совсем забросила свою работу.
Ever since she fell in love, she's had her head in the clouds. She
never gets any work done.

НЕ

не от мира сего
in another world

Этот учёный—не от мира сего: кроме книг его ничего не интересует.

This scholar is in another world; he always has his nose in a book.

Easiness, Openness

ДУША

душа нараспашку у кого-либо
to be open and aboveboard

С ней так легко общаться: у неё душа на распашку.

It's so easy to deal with her; she's open and aboveboard.

ЛЁГОК

лёгок на подъём
to be ready at the drop of a hat

Я уверен, что Олег поедет с нами сегодня: он лёгок на подъём.

I am sure Oleg will go with us today; he's ready at the drop of a hat.

УМ

что на уме, то и на языке у кого-либо
to wear one's heart on one's sleeve

Я всегда знаю, о чём думает мой брат Вадим: что у него на уме, то и на языке.

I always know what my brother Vadim is thinking because he wears his heart on his sleeve.

Energy, Strength

ЕСТЬ

Есть ещё порох в пороховнице.
There's life in the old dog yet.

Мой отец даже в старости мог танцевать часами и всегда приговаривал: "Есть ещё порох в пороховнице".

Even when old, my father could dance for hours and would say, "There's life in the old dog yet."

ИМЕТЬ

иметь железные нервы
to have nerves of steel

Она никогда не выходит из себя: у неё железные нервы.

She never gets upset; she has nerves of steel.

КАК

силён как бык
as strong as an ox

Этот молодой спортсмен силён как бык.
The young athlete is as strong as an ox.

Experience

КАЛАЧ

тёртый калач
an old hand at something

Не старайся обмануть его: он тёртый калач, и его нельзя провести.
Don't try to deceive him. He's an old hand at this and can't be fooled.

Сами

Сами с усами.
not born yesterday

Нечего нам сказки рассказывать, мы сами с усами.
Don't tell us tall tales: we weren't born yesterday.

Goodness, Uniqueness

НЕ НАЙДЁШЬ

днём с огнём не найдёшь кого-либо
to be one in a million

Мой зять—человек особенный. Такого, действительно, днём с огнём не найдёшь.
My son-in-law is a special person; really, he's one in a million.

ЧЕЛОВЕК

золотой человек
to be worth one's weight in gold

Иван Алексеевич был золотым человеком: его
любили все, и на работе, и дома.
Ivan Alekseyevich was worth his weight in gold: everyone at
work and at home loved him.

Hardness

ОРЕШЕК

крепкий орешек
a hard nut to crack

Наш директор крепкий орешек, его просто так не
запугаешь.
Our director is a hard nut to crack, and he can't be easily
frightened.

ЧЕЛОВЕК

человек с тяжёлым характером
a hard person to get along with

Он человек с тяжёлым характером и поэтому у него
мало друзей.
He's a hard man to get along with, and so he has few friends.

Harmfulness, Meanness

ИМЕТЬ

иметь длинный язык
to be a blabbermouth

Не доверяй ему: у него длинный язык.
Don't confide in him; he's a real blabbermouth.

ИМЕТЬ

**иметь злой язык
to have a wicked tongue**

У него злой язык, и он с лёгкостью может оскорбить любого.
He has a wicked tongue and is easily given to insult.

ПОКАЗЫВАТЬ

показывать/показать (свои) когти кому-либо
to show one's claws

Она ещё всем нам покажет свои когти. Она не такая мягкая, как кажется.
She'll show us her claws. She's not as sweet as she appears.

СОБАКА

**собака на сене
a dog in a manger**

У неё столько интересных книг в библиотеке, но она и сама их не читает, и никому другому не даёт—настоящая собака на сене.
She has so many interesting books in her library, but she neither reads them herself nor lends them to anyone—a true dog in a manger.

ЯЗЫК

язык без костей у кого-либо
to have a loose tongue

Не удивляйся, что он болтает всякий вздор! У него язык без костей.
Don't be surprised that he is talking such nonsense. He has a loose tongue.

Harmlessness, Meekness

КАК

кроткий как ягнёнок
as meek as a lamb

Она была кроткой как ягнёнок и никогда ни с кем не ссорилась.
She was as meek as a lamb and never quarreled with anybody.

НЕ ОБИДИТ

и мухи не обидит
not to hurt a fly

Не бойся его, он и мухи не обидит.
Don't be afraid of him; he wouldn't hurt a fly.

НЕ ТРОНУТЬ

пальцем никого не тронуть
not to do anyone any harm

Он никогда в жизни пальцем никого не тронул.
Never in his life did he do anyone any harm.

ТИШЕ

тише воды, ниже травы
not to hear a peep out of someone

В нашей группе он самый тихий—тише воды, ниже травы.
He is the quietest person in our group—you won't hear a peep out of him.

Hypocrisy

ВОЛК

волк в овечьей шкуре
a wolf in sheep's clothing

Остерегайся этого человека: он настоящий волк в овечьей шкуре.
Beware of this man: he's a real wolf in sheep's clothing.

ЛИТЬ

лить проливать крокодиловы слёзы
to shed crocodile tears

Нечего лить крокодиловы слёзы! Тебе всё равно никто не поверит.
There's no use shedding crocodile tears! No one will believe you anyway.

ЛОМАТЬ

ломать комедию
to put on an act

Не ломайте комедии! Будьте самим собой!
Stop putting on an act! Just be yourself.

МЯГКО

Мягко стелет, да жёстко спать.
Walk softly but carry a big stick.

Мне не нравится его политика: он мягко стелет, да жёстко спать.
I don't like his policy: walk softly but carry a big stick.

НОСИТЬ

носить маску (добродетели)
to sail under false colors

Этот человек только носит маску добродетели. Так
что будь осторожен.
This man is sailing under false colors, so be careful.

Incompetence, Stupidity

БЛУЖДАТЬ

блуждать в потёмках
to be in the dark about something

До тех пор, пока он не ознакомился с литературой
по предмету, он буквально блуждал в потёмках.
Until he read up on the subject, he was completely in the dark.

ГОЛОВА

ветер в голове у кого-либо
to be scatterbrained

Ну и ветер же у меня в голове! Не помню, где
оставил ключи.
I'm so scatterbrained I can't remember where I left my keys.

ГОЛОВА

дырявая голова
a mind like a sieve

Он ничего не запоминает: у него дырявая голова.
He can't remember anything; he has a mind like a sieve.

ГОЛОВА

голова соломой набита у кого-либо
not to know enough to come in out of the rain

Он так глуп, у него голова как соломой набита!
He's so stupid that he doesn't know enough to come in out of the rain!

ГОЛОВА

тупая голова
to be thick

У этого ученика голова тупая, и ему нужна дополнительная помощь.
This student is thick and needs extra help.

ЗАБЛУДИТЬСЯ

заблудиться в трёх соснах
to lose one's way in broad daylight

Он не находит ответа на такой простой вопрос. Он попросту заблудился в трёх соснах.
He doesn't see the answer to this easy question; he's lost his way in broad daylight.

КАК

глуп как пробка
to be a dumbbell

Этот человек глуп как пробка. Не могу поверить, что ты последовал его совету.
This man is a dumbbell. I can't believe you followed his advice.

МОЗГИ

мозги набекрень у кого-либо
not all there

Не давай ему заниматься денежными делами. У него
мозги набекрень.
Don't let him deal with money. He's not all there.

НЕ

не моего (твоего, его...) ума дело
over someone's head

Это сложное исследование не моего ума дело.
This complex research is over my head.

НЕ

не по зубам кому-либо что-либо
beyond someone's depth

Этот предмет ей не по зубам.
This subject is beyond her depth.

НЕ ВИДЕТЬ

не видеть дальше своего (собственного)
носа
can't see beyond the end of one's nose

Этот инженер не видит дальше своего носа, так
что не давай ему этого задания.
This engineer can't see beyond the end of his nose, so don't
give him the assignment.

НЕ ВИДЕТЬ

не видеть/не увидеть леса за деревьями
not to see the forest for the trees

Он всё в мелочах копался и так и не увидел леса за деревьями.

He was concentrating on the details; he couldn't see the forest for the trees.

НЕ УМЕТЬ

не уметь двух слов связать
to be unable to put two words together

Как он может выступать перед такой аудиторией, когда он и двух слов связать не умеет?

How can he speak before such an audience when he can't even put two words together?

НЕ ШЕВЕЛИТЬ

не шевелить мозгами
not to think for oneself

Что же ты совсем не шевелишь мозгами? Я не могу всё делать за тебя.

Why don't you think for yourself? I can't do everything for you.

НИ

ни в зуб (ногой)
not to know beans about something

Она ни в зуб ногой по математике, так что не проси её помочь тебе с этой проблемой.

She doesn't know beans about math, so don't ask her to help you with this problem.

ПАМЯТЬ

короткая память у кого-либо
to have a short memory

Я не удивился тому, что он не вспомнил меня: у него ведь всегда была короткая память.
I wasn't surprised that he didn't remember me; he always did have a short memory.

СКОЛЬЗИТЬ

скользить по поверхности
to scratch the surface

У неё нет глубоких знаний в медицине—она просто скользит по поверхности.
She doesn't have any deep knowledge in medicine; she's only scratched the surface.

Kindness, Mildness, Modesty

ДЕРЖАТЬСЯ

держаться в тени
to keep in the background

Он влиятелен, но всегда держится в тени.
He is powerful but always keeps in the background.

ИМЕТЬ

иметь большое сердце
to have a big heart

В нашем городке все его любили: у него было большое сердце.
Everyone in our small town loved him; he had a big heart.

ИМЕТЬ

иметь доброе сердце
to be softhearted

У моего отца было доброе сердце, и он никогда
никого не обижал.

My father was a softhearted man, and never hurt anybody.

ИМЕТЬ

иметь золотое сердце
to have a heart of gold

Я никогда не забуду своей первой учительницы: у
неё было золотое сердце.

I will never forget my first teacher. She had a heart of gold.

Laziness

Быть

быть ленивым (ленивой) от рождения
to be born lazy

Мама говорит, что мой брат ленив от рождения.
My mother says that my brother was born lazy.

Mediocrity

НЕ ХВАТАЕТ

звёзд с неба не хватает
not to set the world on fire

Он был хорошим инженером, но звёзд с неба не
хватал.

He was a good engineer, but he didn't set the world on fire.

НИ

ни богу свечка, ни чёрту кочерга
neither good, bad, nor indifferent

Он флегматичен и ничем не выделяется—ни богу свечка, ни чёрту кочерга.

He's phlegmatic, not standing for anything—neither good, bad, nor indifferent.

НИ

ни рыба, ни мясо
to be so-so

Как начальник, она ни рыба, ни мясо.

As a boss, she is just so-so.

НИ

ни то, ни сё
neither one thing nor the other

Статья была неинтересной—ни то, ни сё.

It was an uninteresting article—it was neither one thing nor the other.

Skill

ГОРИТ

горит в чьих-либо руках что-либо
to work as fast as greased lightning

Когда он работает на своём станке, работа так и горит в его руках.

When he is at his lathe, he works as fast as greased lightning.

ИМЕТЬ

иметь золотые руки
to have deft fingers

У моего брата золотые руки: он всё умеет делать по дому.
My brother has deft fingers; he can do anything around the house.

МАСТЕР

мастер на все руки
a jack-of-all-trades

Саша—мастер на все руки. Он и маляр, и плотник и водопроводчик.
Sasha is a jack-of-all-trades. He's a painter, carpenter, and plumber.

НАБИВАТЬ

набивать/набить руку на чём-либо
to get the knack of something

Всего лишь за год работы на заводе этот рабочий набил руку на сборке моторов.
After only a year at the plant, this worker got the knack of assembling engines.

Slyness

ГУСЬ

хорош гусь
a sly one

Хорош гусь! Всегда получает то, что хочет, но никто не знает, как он этого добивается.
He's a sly one! He always gets what he wants, but nobody knows how.

ДЕРЖАТЬ

держать нос по ветру
to see which way the wind is blowing

Он всегда старается держать нос по ветру, чтобы угодить начальству.
He always tries to see which way the wind is blowing so that he can please the management.

КАК

хитёр (хитра) как лиса
as sly as a fox

Он хитёр как лиса, и его трудно обмануть.
He's as sly as a fox and hard to fool.

УМ

себе на уме
to know which side one's bread is buttered on

Она себе на уме: дружит только с теми, кого может использовать.
She knows which side her bread is buttered on. She befriends only those she can use.

Stinginess

ДРОЖАТЬ

**дрожать (трястись) над каждой копейкой
to begrudge every cent someone spends**

Мне непонятно, как она может жить со своим мужем? Он очень скуп и дрожит над каждой копейкой, которую она тратит.
I can't understand how she can live with her husband; he is very stingy and begrudges every cent she spends.

СЧИТАТЬ

**считать каждую копейку
to count every penny**

У него куча денег, но он считает каждую копейку.
He has a lot of money, but he counts every penny.

Stubbornness

КАК

**упрям (упряма) как осёл
as stubborn as a mule**

С моей младшей сестрой невозможно спорить: она упряма как осёл.
It's impossible to argue with my little sister because she is as stubborn as a mule.

Weakness

КАК

как только душа держится в ком-либо
as weak as a kitten

Что за хилый ребёнок! Как в нём только душа держится!
What a sickly child! He is as weak as a kitten.

КОЛОСС

колосс на глиняных ногах
feet of clay

Армия Наполеона казалась непобедимой, но в войне с Россией оказалась колоссом на глиняных ногах.
The army of Napoleon seemed undefeatable but turned out to have feet of clay in the war with Russia.

Worthlessness

МЕСТО

пустое место
an airhead

Не принимай его всерьёз: он попросту пустое место.
Don't take him seriously; he is just an airhead.

НУЛЬ

абсолютный нуль
a total nonentity

Муж Наташи оказался абсолютным нулём, и она разошлась с ним.

Natasha's husbund turned out to be a total nonentity, so she divorced him.

ПУЗЫРЬ

мыльный пузырь
a nobody

Как писатель он лишён таланта. Просто мыльный пузырь!

As a writer, he doesn't have much talent. He's just a nobody!

ЦЕНА

грош цена кому-либо
not worth one's salt

Грош ей цена: она совсем не помогает своей больной матери.

She isn't worth her salt. She doen't help her sick mother at all.

14. Place in Life, Social Status

БЫТЬ

быть не ко двору
not to fit in

Он чувствовал, что его не принимают в этой семье и что он просто не ко двору.

He felt that he wasn't accepted in this family, that he just didn't fit in.

БЫТЬ

быть не на своём месте
to be a square peg in a round hole

Он явно не на своём месте: у него нет ни соответствующего опыта, ни знаний.

He is a square peg in a round hole; he has neither adequate experience nor expertise.

ДЕЛАТЬ

делать погоду
to play the lead

Этот учёный делал погоду, и к его мнению все прислушивались.

This scientist played the lead. Everybody listened to his opinion.

ИГРАТЬ

играть первую скрипку
to play a key role

Этот исследователь играет первую скрипку в нашем проекте, и мы не можем обойтись без него.
This researcher plays a key role in our project, and we can't do without him.

ИДТИ

идти/пойти в гору
to climb the ladder of success

После окончания Московского государственного университета Михаил быстро пошёл в гору и уже через два года занимал хорошее положение.
After finishing Moscow State University, Mikhail quickly started climbing the ladder of success. In just two years he had secured a good position.

ИМЕТЬ

иметь вес
to carry a lot of weight

Идеи этого учёного имеют большой вес в научных кругах.
This scholar's ideas carry a lot of weight in scientific circles.

КАТИТЬСЯ

катиться/скатиться (идти/пойти) по наклонной плоскости
to go downhill

После проигрыша на выборах, его политическая карьера быстро пошла по наклонной плоскости.
After he lost the election, his political career went downhill fast.

КОЛЕСО

пятое колесо в телеге (в колеснице)
a fifth wheel

Когда мой старший брат ходил на свидания в кино, он всегда таскал меня с собой, и я чувствоал себя как пятое колесо в телеге.

When my older brother went on movie dates, he always dragged me along, and I felt like a fifth wheel.

КРОВЬ

голубая кровь
blue blood

Он смотрит на меня свысока, потому что думает, что в его жилах течёт голубая кровь, а в моих— нет.

He looks down on me because he thinks he's a blue blood and I'm not.

ПТИЦА

важная птица
head honcho

Он начинал с обыкновенного продавца, а теперь он важная птица.

He started out his career as an ordinary salesman. Now he's the head honcho.

ПТИЦА

птица высокого полёта
high man on the totem pole

Говорят, он влиятелен и у него большие связи, в общем, птица высокого полёта.

They say that he is influential and has many connections—he's the high man on the totem pole.

ПТИЦА

птица низкого полёта
low man on the totem pole

Ему нравится думать, что у него престижная работа, но на самом деле он птица низкого полёта.
He likes to think his job is prestigious, but he is really the low man on the totem pole.

РОДИТЬСЯ

родиться в сорочке
to be born with a silver spoon in one's mouth

Николаев родился в сорочке: он унаследовал большое состояние.
Nikolaev was born with a silver spoon in his mouth; he inherited a lot of money.

РОДИТЬСЯ

родиться под счастливой звездой
to be born under a lucky star

Ей удаётся всё, за что бы она ни взялась, должно быть, она родилась под счастливой звездой.
She is successful in everything she undertakes. She must have been born under a lucky star.

СБИВАТЬСЯ

сбиваться/сбиться с пути
to lose one's way

Он совсем сбился с пути и угодил в тюрьму.
He completely lost his way in life and ended up in prison.

СОШКА

мелкая сошка
small-fry

После того, как он вышел на пенсию, о нём никто
не вспоминал: он ведь был такой мелкой сошкой!
After he retired, nobody remembered him; he was such a
small-fry.

СПИЦА

последняя спица в колесе (в колеснице)
a cog in the machine

В этом театре странная традиция: режиссёр и
художник считаются самыми важными, а драматург—
последней спицей в колесе.
In this theater, there is a strange tradition: the director and the
designer are considered the most important people, but the
dramaturge is just a cog in the machine.

ХОЗЯИН

сам себе хозяин
to be one's own master

Лёва всегда мечтал открыть собственное дело и
быть сам себе хозяином.
Lev always dreamed of opening his own business and being his
own master.

ШИШКА

шишка на ровном месте
small potatoes

Наш новый заведующий кафедрой очень большого мнения о себе, а на самом деле, он просто шишка на ровном месте.

Our new department head thinks a lot of himself, but, in fact, he's just small potatoes.

15. Relationships and States of Mind

Accord, Harmony

БОК

бок о бок
side by side

Я много лет проработал с ним бок о бок.
I have worked side by side with him for many years.

БЫТЬ

быть в хороших отношениях
to be on good terms

Мы с нашими соседями в хороших отношениях.
We are on good terms with our neighbors.

ЖИТЬ

жить/прожить душа в душу с кем-либо
to live in harmony with someone

Мы с мужем прожили душа в душу сорок лет.
My husband and I lived in harmony for forty years.

ЛАДИТЬ

хорошо ладить/поладить с кем-либо
to get along with someone

Он хорошо ладит с сотрудниками и никогда ни с кем не ссорится
He gets along well with his colleagues, and never quarrels with anyone.

НАХОДИТЬ

находить/найти общий язык с кем-либо
to see eye to eye on things

Мы с Андреем во всём находим общий язык.
Andrey and I see eye to eye on everything.

РУКА

рука об руку
hand in hand

Мы с мужем все эти годы шли по жизни рука об руку.
All these years my husband and I walked through life hand in hand.

Anger

ВЫВОДИТЬ

выводить/вывести кого-либо **из себя**
to make someone's blood boil

Его выступление на парламентской сессии вывело меня из себя.
His speech at the parliamentary session made my blood boil.

ДОВОДИТЬ

доводить/довести кого-либо **до белого каления**
to drive someone crazy

Его постоянные жалобы доводили мать до белого каления.
His incessant complaints drove his mother crazy.

ДОВОДИТЬ

доводить/довести кого-либо **до ручки**
to drive someone into a frenzy

Её привередливость довела меня до ручки.
Her fastidiousness drove me into a frenzy.

СРЫВАТЬ

срывать/сорвать злость на ком-либо
to take something out on others

Когда наш начальник бывает зол, мы стараемся
избегать его, так как он обычно срывает свою
злость на нас.
When our boss is angry, we try to avoid him, since he usually
takes it out on us.

Arguments

ЛОМАТЬ

ломать/поломать копья за кого-либо, за
что-либо
to cross swords with someone over something

Мы с друзьями ломали копья всякий раз, когда
спорили о религии.
Every time my friends and I discussed religion, we crossed
swords.

Beating, Fighting

ДАВАТЬ

давать/дать сдачи кому-либо
to answer in kind

Маленький мальчик дал сдачи большому, который был зачинщиком драки.
When the big boy started a fight, the small boy answered in kind.

ДОХОДИТЬ

доходить/дойти до драки
to come to blows

Мы с друзьями начали спорить и чуть не дошли до драки.
My friends and I started to argue and almost came to blows.

ИЗБИВАТЬ

избивать/избить кого-либо **до полусмерти**
to beat the living daylights out of someone

Поймав вора, который стащил у него кошелёк, мой брат избил его до полусмерти.
Having caught the thief who stole his wallet, my brother beat the living daylights out of him.

ИЗБИВАТЬ

избивать/избить кого-либо **до синяков**
to beat someone black-and-blue

Отец был жестоким человеком и часто избивал сына до синяков.
His father was a cruel man and often beat his son black-and-blue.

Boredom, Irritation, Melancholy

ВЫМАТЫВАТЬ

выматывать/вымотать (всю) душу чью-либо, из кого-либо
to get under someone's skin

Моя подруга выматывает из меня всю душу, и я очень устаю от неё.
My friend is getting under my skin, and I'm very tired of her.

ВЫМАТЫВАТЬ

выматывать/вымотать (все) кишки кому-либо
to bother the life out of someone

Мой сосед вымотал мне все кишки бесконечными жалобами на свою жену.
My neighbor bothered the life out of me with his endless complaints about his wife.

ВЫТЯГИВАТЬ

вытягивать/вытянуть (всю) душу из кого-либо
to pester the life out of someone

Все эти бесконечные споры вытянули из меня всю душу
All these endless arguments pestered the life out of him.

ЛЕЗТЬ

лезть/полезть в душу кому-либо, с чем-либо
to worm one's way into someone's confidence

Напрасно ты ей в душу лезешь. Она никогда никому не раскрывает своих секретов.

It's no use trying to worm your way into her confidence; she never tells anyone her secrets.

НАБИВАТЬ

набивать/набить оскомину у кого-либо
to be sick and tired of someone or something

Постоянные разговоры о политике набили у меня оскомину.

I was sick and tired of constantly talking about politics.

НАВОДИТЬ

наводить/навести скуку на кого-либо
to bore someone stiff

Балет наводит на меня скуку.
Ballet bores me stiff.

НАВОДИТЬ

наводить/навести тоску на кого-либо
to give someone the blues

Его вечные жалобы наводят тоску на всех.
His constant complaints give everyone the blues.

НАДОЕДАТЬ

надоедать/надоесть кому-либо **до смерти**
to bore someone to death

Вся эта история надоела мне до смерти.
All this business bored me to death.

НАДОЕДАТЬ

надоедать/надоесть кому-либо **хуже горькой редьки**
to give someone a pain in the neck

Мой друг надоел мне хуже горькой редьки со своими вопросами о моей личной жизни.
My friend gives me a pain in the neck with his questions about my private life.

СТОЯТЬ

стоять поперёк горла у кого-либо
to be fed up with someone

Он стоит у меня поперёк горла: целый день задаёт вопросы и мешает заниматься.
I'm fed up with him. All day long he asks me questions and prevents me from studying.

Closeness, Friendship

БЫТЬ

быть в близких отношениях с кем-либо
to be close to someone

Мы с Мариной в близких отношениях, и у нас нет секретов друг от друга.
Marina and I are close, and we don't keep any secrets from each other.

БЫТЬ

быть на дружеской ноге с кем-либо
to be friends with someone

Мы с ним уже давно на дружеской ноге.
I have been friends with him for a long time.

БЫТЬ

быть на короткой ноге с кем-либо
to be on familiar terms with someone

Он на короткой ноге со своим начальником.
He is on familiar terms with his boss.

ДЕРЖАТЬСЯ

держаться вместе
to stick together

Наша группа в университете была очень дружной, и мы всегда держались вместе.
We were all friends at the university, and we always stuck together.

НЕ РАЗОЛЬЁШЬ

водой не разольёшь кого-либо
to be as thick as thieves

Мою подругу и её двоюродную сестру водой не разольёшь.
My friend and her cousin are as thick as thieves.

ОБЩАТЬСЯ

тесно общаться с кем-либо
to rub shoulders with someone

Когда мы учились в университете, мы тесно общались с известными учёными.
When we attended the university, we rubbed shoulders with well-known scholars.

ОТКРЫВАТЬ

открывать/открыть кому-либо **душу**
to open one's heart to someone

Она открыла мне душу, рассказав о своей жизни.
She opened her heart to me, telling me about her life.

СЪЕСТЬ

пуд соли съесть с кем-либо
to know someone like a book

Мы с ним пуд соли съели, и я практически знаю его, как самого себя.
I know him like a book; in fact, I know him as well as I know myself.

Compassion

БОЛЕТЬ

болеть душой за кого-либо, за что-либо
one's heart goes out to someone

Я болею душой за всех, кто стал жертвой недавнего землетрясения.
My heart goes out to all the victims of the recent earthquake.

Compliments, Flattery, Praise

ЛЕЗТЬ

без мыла в душу лезть/влезть кому-либо
to butter someone up

Он без мыла в душу мне лезет, надеясь, что я помогу ему устроиться на работу в наш институт.

He is buttering me up in hopes that I will help him to get a job at our institute.

НАПРАШИВАТЬСЯ

напрашиваться/напроситься на комплименты
to fish for compliments

Я не люблю, когда люди напрашиваются на комплименты.
I don't like it when people fish for compliments.

ПЕТЬ

петь дифирамбы кому-либо
to sing someone's praises

Все в консерватории пели дифирамбы новому студенту.
Everyone in the conservatory sang the new student's praises.

ПОДНИМАТЬ

поднимать/поднять кого-либо **на щит**
to praise someone to the skies

Моего друга подняли на щит после того, как он блестяще защитил диссертацию.
My friend was praised to the skies after a brilliant defense of his dissertation.

РАССЫПАТЬСЯ

рассы'паться/рас'сыпаться в комплиментах перед кем-либо
to throw compliments all over the place

Он любит рассыпаться в комплиментах, особенно, когда разговаривает с женщинами.

He likes to throw compliments all over the place, especially when he talks to women.

РАССЫПАТЬСЯ

рассыпаться мелким бисером перед кем-либо
to fawn over someone

Он рассыпался перед ней мелким бисером, стараясь завоевать её внимание.
He fawned over her, trying to gain her attention.

Criticism, Scolding

БРОСАТЬ

бросать/бросить камешек (камешки) в чей-либо **огород**
to take a dig at someone

Зачем ты постоянно бросаешь камешки в мой огород? Стараешься испортить мне репутацию?
Why are you always taking digs at me? Are you trying to damage my reputation?

ВАЛИТЬ

валить (сваливать) с больной головы на здоровую
to pass the buck

Он не такой человек, чтобы валить с больной головы на здоровую. Я уверен, что он возьмёт вину на себя.
He is not one to pass the buck. I'm sure he'll accept the blame.

ВСЫПАТЬ

всыпать (задать) по первое число кому-либо
to curse someone out

Если я где-нибудь встречу его, то всыплю по первое число за всё, что он говорил обо мне.
If I meet him somewhere, I'll curse him out for what he said about me.

ГОВОРИТЬ

плохо говорить (отзываться/отозваться) о ком-либо
to bad-mouth someone

Он разозлился, узнав, что его коллега плохо отзывается о нём публично.
He became angry when he found out that his colleague bad-mouthed him in public.

ДАВАТЬ

давать/дать жизни кому-либо
to give someone the devil

Она дала ему жизни за опоздание.
She gave him the devil when he was late.

ЗАДАВАТЬ

задавать/задать кому-либо **перцу**
to bawl someone out

Вчера, когда я поздно пришёл домой, отец задал мне такого перцу!
Yesterday when I came home late, my father really bawled me out!

НАМЫЛИТЬ

намылить шею кому-либо
to rake someone over the coals

Боюсь, что начальник намылит шею мне за то, что я опоздал на работу.

I'm afraid my boss will rake me over the coals because I was late for work.

ОБЛИВАТЬ

обливать/облить (поливать/полить) кого-либо **грязью**
to sling mud at someone

Во время президентских выборов кандидаты обливали друг друга грязью.

During the presidential elections, the candidates were slinging mud at each other.

ПЕРЕМЫВАТЬ

перемывать/перемыть чьи-либо **косточки**
to tear someone to pieces

Когда Ирина вышла из комнаты, подруги стали перемывать ей косточки.

When Irina left the room, her friends started to tear her to pieces.

ПОКАЗАТЬ

показать кому-либо, **где раки зимуют**
to give someone a piece of one's mind

Если ты не станешь вести себя лучше, я покажу тебе, где раки зимуют.

If you don't start behaving, I'm going to give you a piece of my mind.

РАЗДЕЛЫВАТЬ

разделывать/разделать кого-либо **под орех**
to bawl someone out good and proper

Мне не хотелось возвращаться домой, так как я
знала, что муж разделает меня под орех за
опоздание.

I had no desire to go back home, as I knew that my husband
would bawl me out good and proper for being late.

РАЗНОСИТЬ

разносить/разнести кого-либо **в пух и
прах**
to give someone a good dressing-down

Критика разнесла этого молодого писателя в пух и
прах за его высокомерное поведение на пресс-
конференции.

The critics gave this young writer a good dressing-down for his
arrogant behavior at the press party.

РУГАТЬ

ругать/выругать кого-либо **на чём свет
стоит**
to give someone hell

Он выругал меня на чём свет стоит за то, что я
не помог ему на контрольной.

He gave me hell for not helping him during the test.

СМЕШИВАТЬ

смешивать/смешать кого-либо **с грязью**
to smear someone's name

Мой директор смешал с грязью своего заместителя,
обвинив его во взяточничестве.

My boss smeared his assistant's name, accusing him of corruption.

Deception, Tricks

ВОДИТЬ

водить за нос кого-либо
to lead someone down the garden path

Он обещал жениться на ней, но затем стал водить её за нос.
Promising to marry her, he then led her down the garden path.

ВТИРАТЬ

втирать очки кому-либо
to pull the wool over someone's eyes

Нечего мне очки втирать! Я знаю, что моя книга у тебя.
Don't try to pull the wool over my eyes! I know you have my book.

ЛОВИТЬ

ловить/поймать кого-либо **на удочку**
to pull a fast one on someone

Он поймал меня на удочку, продав мне этот никчемный дом.
He pulled a fast one on me when he sold me this worthless house.

МОРОЧИТЬ

морочить/заморочить голову кому-либо
to do a snow job on someone

Она заморочила мне голову, говоря о том, что эта картина представляет собой ценность.
She did a snow job on me when she told me the painting was valuable.

ОБЕЩАТЬ

обещать (сулить) кому-либо **золотые горы**
to promise someone the moon

Новый банк обещал вкладчикам золотые горы, а, на самом деле, оставил их без копейки.
The new bank promised its investors the moon but, in fact, left them penniless.

ОСТАВЛЯТЬ

оставлять/оставить кого-либо **с носом**
to sell someone a bill of goods

Не верь ему! Он оставит тебя с носом.
Don't trust him! He's just selling you a bill of goods.

ПОДКЛАДЫВАТЬ

подкладывать/подложить свинью кому-либо
to play a dirty trick on someone

Мой лучший друг подложил мне свинью, отбив у меня мою девушку.
My best friend played a dirty trick on me by taking away my girlfriend.

ПОПАДАТЬСЯ

попадаться/попасться на чью-либо **удочку**
to fall into someone's trap

Не могу простить себе, как я попался на его удочку и за такие деньги купил такую добитую машину.

I can't forgive myself for falling into his trap and buying a worthless car for such a sum.

Destruction, Harm, Ruin

БРОСАТЬ

> **бросать/бросить тень** на кого-либо, на что-либо
> **to run someone down**

Зачем ты бросаешь тень на неё? Она ведь твоя подруга, не правда ли?

Why are you running her down! She's your friend, isn't she?

КРЫШКА

> **ему (ей, нам...) крышка**
> **one's number is up**

Он понимал, что ему крышка и что ему не удастся скрыться от мафии.

He realized that his number was up, and that he wouldn't be able to hide from the Mafia.

ПЕСЕНКА

> **песенка спета** чья-либо
> **one's goose is cooked**

Он боится мафии и знает, что если его разыщут, то его песенка спета.

He is afraid of the Mafia and knows that if found his goose would be cooked.

ПОДВОДИТЬ

подводить/подвести кого-либо **под монастырь**
to put someone in a tight spot

Он подвёл меня под монастырь, вынудив подписать этот контракт.
He put me in a tight spot by making me sign this contract.

ПРИПИРАТЬ

припирать/припереть кого-либо **к стенке**
to drive someone to the wall

Отец припёр меня к стенке, и мне пришлось рассказать ему всё.
My father drove me to the wall, and I had to tell him everything.

ПУСКАТЬ

пускать/пустить кого-либо **по миру**
to wipe someone out

После развода жена пустила его по миру, отобрав все его сбережения.
He was wiped out financially when his wife took away all his savings after the divorce.

РЫТЬ

рыть/вырыть яму кому-либо, **под кого-либо**
to set a trap for someone

Я знала, что мой коллега роет под меня яму, так как хочет получить моё место.
I knew that my colleague was setting a trap for me, because he wanted to get my job.

САЖАТЬ

сажать/посадить кого-либо **в галошу**
to get someone into a fix

Он посадил меня в галошу, задав вопрос, на
который я не смог ответить.
He got me into a fix when he asked me a question I couldn't
answer.

СВЕРНУТЬ

свернуть шею кому-либо
to wring someone's neck

Если бы я знал, кто избил моего брата, свернул
бы ему шею.
If I knew who beat my brother up, I would wring his neck.

СВОДИТЬ

сводить/свести в могилу кого-либо
to drive someone to his/her grave

Пьянство сына свело её в могилу раньше времени.
Her son's drinking drove her to an early grave.

СТАВИТЬ

ставить/поставить кого-либо **в тупик**
to send someone up a blind alley

Ложный след поставил милицию в тупик.
A false lead sent the police up a blind alley.

СТИРАТЬ

стирать/стереть в порошок кого-либо
to make mincemeat out of someone

Диссиденты знали, что рано или поздно КГБ попытается стереть их в порошок.
Dissidents knew that sooner or later the KGB would try to make mincemeat out of them.

СТИРАТЬ

стирать/стереть с лица земли кого-либо
to blow someone away

Он знал, что мафия сотрёт его с лица земли, если он их предаст.
He knew that the Mafia would blow him away if he betrayed them.

Disclosure

ВЫВОДИТЬ

выводить/вывести кого-либо **на чистую воду**
to bring someone out into the open

Всю свою жизнь он старался вывести на чистую воду преступников.
All his life he tried to bring criminals out into the open.

СРЫВАТЬ

срывать/сорвать маску с кого-либо
to blow someone's cover

Первостепенной задачей следователя было сорвать маску с этого взяточника.
The investigator's primary goal was to blow the briber's cover.

Discord

БЫТЬ

быть на ножах
to be at loggerheads

После ссоры друзья были на ножах.
After their quarrel, the friends were at loggerheads.

БЫТЬ

быть не в ладу (не в ладах) с кем-либо
to be at odds with someone

Они не в ладах, потому что Миша публично
раскритиковал работу Вадима.
They are at odds because Misha criticized Vadim's work in
public.

ВБИВАТЬ

вбивать/вбить клин между кем-либо
to drive a wedge between some persons

Наш класс был дружным, пока Павел не вбил клин
между нами.
In our class, we were all friends until Pavel drove a wedge
between us.

ДЕРЖАТЬ

держать камень за пазухой
to bear a grudge against someone

Я думала, что он мой верный друг, но оказалось,
он держит камень за пазухой.
I thought that he was a devoted friend of mine, but it turned
out that he bore a grudge against me.

ЖИТЬ

жить как кошка с собакой
to fight like cats and dogs

Муж и жена живут как кошка с собакой.
The husband and wife fight like cats and dogs.

НАШЛА

Нашла коса на камень.
One has met one's match.

Наташа и Лара постоянно спорят из-за пустяков, ни одна не хочет уступить другой, словом, нашла коса на камень.
Natasha and Lara constantly argue about trifles, and neither one wants to give in. In short, each has met her match.

НЕ ЛЕЖИТ

сердце не лежит к кому-либо, к чему-либо
not to be someone's cup of tea

У меня сердце не лежит к современной музыке.
Modern music isn't my cup of tea.

НЕ СВАРИШЬ

каши не сваришь с кем-либо
not to be able to get anywhere with someone

Ты такой умрямый! С тобой каши не сваришь.
You're so stubborn! I just can't get anywhere with you.

ОТЛИЧАТЬСЯ

отличаться от кого-либо **как небо от земли**
to be as different as night and day

Как могли оказаться друзьями эти два человека?
Они отличаются друг от друга как небо от земли.
How could it have happened that these two men became
friends? They are as different as night and day.

ПРОБЕЖАЛА

чёрная кошка пробежала между кем-либо
to part company

Они были друзьями, но затем чёрная кошка
пробежала между ними, и их дружбе пришёл конец.
They were friends, but then they parted company and their
friendship ended.

РАСХОДЯТСЯ

пути (дороги) расходятся (разошлись)
кого-либо, чьи-либо
to reach a parting of the ways

Он больше не встречается со своим другом. Их
взгляды на жизнь были настолько разными, что их
пути разошлись.
He doesn't see his friend anymore. Their views on life were so
different that they reached a parting of the ways.

Emotions, Feelings

БРАТЬ

брать/взять кого-либо **за сердце**
to tug at someone's heartstrings

Его рассказ о жизни бездомных детей в России
всех взял за сердце.
His story about the life of homeless children in Russia tugged
at everyone's heartstrings.

ВОЛНОВАТЬ

волновать/взволновать кого-либо **до глубины души**
to touch someone's heart

Этот роман взволновал студента до глубины души.
This novel touched the student's heart.

ЗАДЕВАТЬ

задевать/задеть за живое кого-либо
to cut someone to the quick

Его непристойное замечание задело меня за живое.
His nasty remark cut me to the quick.

НАСТУПАТЬ

наступать/наступить кому-либо **на хвост**
to step on someone's toes

Следи за тем, что говоришь! А то можешь наступить кому-нибудь на хвост.
Watch what you say! You might step on someone's toes.

ПРИВОДИТЬ

приводить/привести кого-либо **в отчаяние**
to drive someone to despair

Его необоснованные требования приводили меня в отчаяние.
His unreasonable demands drove me to despair.

ПРИВОДИТЬ

приводить/привести кого-либо **в уныние**
to dampen someone's spirits

Неряшливый вид нашего учителя приводит всех в
уныние.
Our teacher's unkempt appearance dampens everyone's spirits.

ПУГАТЬ

пугать/испугать кого-либо **до смерти**
to scare someone out of his/her wits

Мой брат надел какую-то ужасную маску и испугал
меня до смерти.
My brother put on a terrible mask and scared me out of my
wits.

РАЗБИВАТЬ

разбивать/разбить чьё-либо **сердце**
to break someone's heart

Он разбил её сердце, сказав, что не женится на
ней.
He broke her heart when he said he wouldn't marry her.

СВОДИТЬ

сводить/свести кого-либо **с ума**
to drive someone out of his/her mind

Моя подруга сводит меня с ума своими постоянными
разговорами о деньгах.
My friend drives me out of my mind with her constant talk
about money.

Equality, Similarity

БЫТЬ

быть на равной ноге с кем-либо
to be equal to someone

Мы с Вадимом на равной ноге в учёбе и в спорте.
Vadim is equal to me in studies and sports.

ДВА

два сапога пара
two of a kind

Обе мои дочери—большие лентяйки, короче говоря,
два сапога пара.
Both of my daughters are very lazy; in short, they are two of a
kind.

ИЗ

из одного теста
cut from the same cloth

Мы с подругой очень похожи друг на друга во
всём, и все говорят, что мы из одного теста.
My friend and I are very much alike in everything, and
everybody says that we're cut from the same cloth.

КАК

как две капли воды
to be the spit and image of someone

Она как две капли воды похожа на свою мать.
She is the spit and image of her mother.

МИР

> **одним миром мазаны**
> **birds of a feather**

Тамара и Нина всё своё свободное время проводят в кино: по всему видно, что они одним миром мазаны.

Tamara and Nina spend all their free time at the movies: it's evident that they are birds of a feather.

ЯГОДА

> **одного поля ягода**
> **like two peas in a pod**

Я знаю её не очень хорошо, но чувствую, что мы с ней одного поля ягода.

I don't know her very well, but I feel that we are like two peas in a pod.

Help, Protection, Support

БРАТЬ

> **брать/взять** кого-либо **под защиту**
> **to take someone under one's protection**

Все в школе дразнили этого маленького мальчика, и я решил взять его под свою защиту.

Everyone at school teased this little boy, so I decided to take him under my protection.

БРАТЬ

> **брать/взять** кого-либо **под своё крылышко**
> **to take someone under one's wing**

Профессор взял этого аспиранта под своё крылышко, потому что был другом его отца.
The professor took the graduate student under his wing because he was his father's close friend.

ВСТАВАТЬ

вставать/встать грудью за кого-либо
to stand up for someone

Когда моего друга обвинили в плагиате, я встал грудью за него.
When my friend was accused of plagiarism, I stood up for him.

ВХОДИТЬ

входить/войти в чьё-либо **положение**
to put oneself in someone else's place

Профессор вошёл в положение студента и перенёс экзамен на более поздний срок.
The professor put himself into the student's place, and postponed the exam to a later date.

ВЫВОДИТЬ

выводить/вывести кого-либо **из затруднения**
to get someone out of trouble

Мой брат вывел меня из затруднения, одолжив деньги на лечение сына.
My brother got me out of trouble, lending me money for my son's medical treatment.

ВЫРУЧАТЬ

выручать/выручить кого-либо **из беды**
to bail someone out

Мой друг выручил меня из беды, когда у меня были неприятности.
My friend bailed me out when I was in trouble.

ДЕРЖАТЬ

держать сторону кого-либо
to side with someone

В спорах о том, как проводить вступительные экзамены, он всегда держал мою сторону.
In the arguments about how to conduct entrance exams, he always sided with me.

ЗАМОЛВИТЬ

замолвить словечко за кого-либо
to put in a good word for someone

Когда директор захотел уволить моего брата с работы, его непосредственный начальник замолвил за него словечко.
When the director wanted to fire my brother, his immediate supervisor put in a good word for him.

ИДТИ

идти/пойти в огонь и в воду за кого-либо
to go through fire for someone

Мы с братом готовы пойти в огонь и в воду друг за друга.
My brother and I are ready to go through fire for each other.

НАПРАВЛЯТЬ

направлять/направить на путь истины кого-либо
to put someone back on track

Его уже не направишь на путь истины: он совершенно потерянный человек.
You can't put him back on track; he is completely lost.

ОКАЗЫВАТЬ

оказывать/оказать поддержку кому-либо
to back someone up

Когда я внёс своё предложение, главный инженер завода оказал мне поддержку.
The chief engineer of the factory backed me up when I made my proposal.

ОТДАВАТЬ

отдавать/отдать кому-либо **последнее**
to give someone the shirt off one's back

Он—щедрый человек и отдаст последнее тем, кто нуждается в его помощи.
He is a very generous man and will give the shirt off his back to those who need his help.

ПОСТАВИТЬ

поставить на ноги кого-либо
to give someone a start in life

Отец поставил меня на ноги, дав мне прекрасное образование.
My father gave me a start in life by helping me get an excellent education.

ПРОКЛАДЫВАТЬ

прокладывать/проложить дорогу кому-либо
to pave the way for someone

Жизнь у него была лёгкой: отец своими деньгами
прокладывал ему дорогу.
He had it easy; his father used his money to pave the way for
him.

ПРОЯВЛЯТЬ

проявлять/проявить заботу о ком-либо, о
чём-либо
to take care of someone

Мой старший брат всегда проявлял заботу обо мне.
My elder brother always took good care of me.

СТОЯТЬ

стоять горой за кого-либо
to stand by someone through thick and thin

Жена всегда стоит горой за меня, и я благодарен
ей за такую поддержку.
My wife always stands by me through thick and thin, and I'm
grateful to her for such support.

Hindrance, Interference

ВМЕШИВАТЬСЯ

вмешиваться/вмешаться в чьё-либо **дело**
to meddle in someone else's affairs

Мать любила вмешиваться в дела своей дочери
The mother liked to meddle in her daughter's affairs.

ВСТАВАТЬ

вставать/встать поперёк дороги кому-
либо, чьей-либо
to stand in someone's way

Много препятствий вставало поперёк его дороги,
но ему всегда удавалось достичь поставленной
цели.

Many obstacles stood in his way, but he always managed to
achieve his goal.

ВСТАВЛЯТЬ

вставлять (ставить) палки в колёса кому-
либо
to throw a monkey wrench into the works

Разве ты не видишь, что, поступая так, ты
ставишь мне палки в колёса?

Don't you see that when you behave in such a way you're
throwing a monkey wrench into the works?

ВЫБИВАТЬ

выбивать/выбить почву из-под ног кого-
либо, у кого-либо
to cut the ground out from under someone

Мои аргументы во время дискуссии выбили почву
из-под ног моего оппонента.

My arguments during the discussion cut the ground out from
under my opponent.

ПОДРЕЗАТЬ

подре'зать/под'резать крылья кому-либо
to clip someone's wings

Ему подрезали крылья в самом начале карьеры, запретив выставлять свои картины.

His wings were clipped at the very beginning of his career when they forbade him to exhibit his work.

СОВАТЬ

совать/сунуть свой нос во что-либо, куда-либо
to poke one's nose into something

Не в её характере совать свой нос в чужие дела.

It is not in her character to poke her nose into other people's business.

Inferiority, Superiority

БРАТЬ

брать/взять верх над кем-либо, над чем-либо
to have the upper hand over someone

Этот спортсмен легко взял верх над своими соперниками в соревновании.

This athlete easily had the upper hand over his rivals in the competition.

БЫТЬ

быть на голову выше кого-либо
to be head and shoulders above someone

Она на голову выше своей сестры.

She's head and shoulders above her sister.

БЫТЬ

быть на побегушках у кого-либо, чьих-либо
to be at someone's beck and call

Он на побегушках у своей жены.
He's at his wife's beck and call.

ЗАТКНУТЬ

заткнуть кого-либо **за пояс**
to outshine someone

В эту минуту я почувствовал, что смогу заткнуть за пояс своих соперников.
At that moment, I realized that I could outshine my rivals.

НЕ ГОДИТСЯ

в подмётки не годится кому-либо
not to be able to hold a candle to someone

Он в подмётки не годится своему брату.
He can't hold a candle to his brother.

ОДЕРЖАТЬ

одержать верх над кем-либо
to get the best of someone

В спорах о политике моя сестра всегда одерживает верх над нами.
In arguments about politics, my sister always gets the best of us.

ОТБИВАТЬ

отбивать/отбить пальму первенства у
кого-либо
to win out over someone

В прошлом году на языковой олимпиаде этот
студент отбил пальму первенства у моего брата.
Last year this student won out over my brother in the language
competition.

СМОТРЕТЬ

смотреть сверху вниз на кого-либо
to look down on someone

Он хвастается своим положением и смотрит на всех
сверху вниз.
He boasts about his position and looks down on everyone.

УТЕРЕТЬ

утереть нос кому-либо
to have the advantage over someone

Я уверен, что этот молодой специалист очень
скоро всем нам нос утрёт.
I'm sure that this young specialist will have the advantage over
us very soon.

Liking, Love, Tenderness

БЫТЬ

быть без ума от кого-либо, от чего-либо
to be crazy about someone/something

Мой брат от неё без ума, но она не обращает на
него внимания.

My brother is crazy about her, but she pays no attention to him.

БЫТЬ

быть увлечённым кем-либо
to fall for someone

Я серьёзно увлеклась нашим новым соседом, но не подавала виду.
I really fell for our new neighbor, but I didn't let him know about it.

ВЛЮБИТЬСЯ

влюбиться по уши в кого-либо
to be head over heels in love with someone

Он по уши влюбился в неё и вскоре сделал предложение.
He was head over heels in love with her, and he soon proposed.

ЛЮБИТЬ

безумно любить друг друга
to be madly in love with each other

Мои родители безумно любят друг друга.
My parents are madly in love with each other.

ЛЮБИТЬ

любить/полюбить кого-либо **всей душой**
to love someone with all one's heart

Сироту взяли на воспитание хорошие и добрые люди, и он полюбил их всей душой.
The orphan was adopted by good, kind people, and he loved them with all his heart.

ЛЮБИТЬ

любить/полюбить кого-либо **до безумия**
to love someone to distraction

Она любила его до безумия.
She loved him to distraction.

ЛЮБОВЬ

Любовь зла, полюбишь и козла.
Love is blind.

Когда отец узнал, за кого выходит замуж его дочь, он пожал плечами и сказал: "Любовь зла, полюбишь и козла".
When the father learned who his daughter was going to marry, he shrugged his shoulders and said, "Love is blind."

ЛЮБОВЬ

любовь с первого взгляда
love at first sight

Мы встретились в театре, и это была любовь с первого взгляда.
We met at the theater, and it was love at first sight.

НЕ ЧАЯТЬ

души не чаять в ком-либо
to be the apple of someone's eye

Он—мой единственный ребёнок, и я в нём души не чаю.
He is my only child, and he is the apple of my eye.

ОТВЕЧАТЬ

отвечать/ответить кому-либо **взаимностью**
to return someone's love

Он очень любил её и был счастлив, что она отвечает ему взаимностью.
He loved her very much and was happy that she returned his love.

ПИТАТЬ

питать слабость к кому-либо
to have a soft spot in one's heart for someone

Отец питал слабость к моей маленькой сестре.
My father had a soft spot in his heart for my little sister.

ЧУВСТВОВАТЬ

чувствовать/почувствовать симпатию к кому-либо
to take a liking to someone

Я сразу же почувствовала симпатию к новому сотруднику.
I immediately took a liking to the new worker.

Servility

ВЫТЯГИВАТЬСЯ

вытягиваться/вытянуться в струнку перед кем-либо
to stand at attention

Увидев в коридоре своего шефа, он вытянулся в струнку.
Seeing his boss in the corridor, he stood at attention.

ГНУТЬ

гнуть спину перед кем-либо
to lean over backwards for someone

Наша новая секретарша постоянно гнёт спину перед начальником.
Our new secretary constantly leans over backwards for our boss.

ЛИЗАТЬ

лизать пятки кому-либо
to lick someone's boots

Она лижет пятки нашему новому начальнику, стараясь завоевать его расположение.
She licks the boots of our new boss, trying to win his favor.

ПОЛЗАТЬ

ползать на брюхе перед кем-либо
to crawl at someone's feet

Всю жизнь он ползал на брюхе перед начальством, пытаясь получить повышение.
All his life he crawled at his boss's feet, trying to get a promotion.

ХОДИТЬ

ходить на задних лапках перед кем-либо
to dance attendance on someone

Мой брат ходит на задних лапках перед своей женой и исполняет все её желания.
My brother dances attendance on his wife and fulfills all her wishes.

ХОДИТЬ

ходить на цыпочках перед кем-либо
to bow and scrape

Она слишком горда, чтобы ходить на цыпочках перед кем-либо.
She is too proud to bow and scrape before anybody.

Subjection

БЫТЬ

быть у кого-либо **в подчинении**
to be under someone's thumb

Она у него в полном подчинении и ничего не делает без его согласия.
She is completely under his thumb and doesn't do anything without his consent.

БЫТЬ

быть маменькиным сынком
to be tied to one's mother's apron strings

Он, наверное, всю жизнь останется маменькиным сынком.
He will probably stay tied to his mother's apron strings forever.

БЫТЬ

быть (находиться) под башмаком (под каблуком) у кого-либо
to be henpecked

Он под башмаком у жены и делает всё, что она хочет.
He is henpecked and does whatever his wife wants.

ВИТЬ

вить верёвки из кого-либо
to twist someone around one's little finger

Она вила верёвки из своего мужа и сделала из него безвольного человека.
She twisted her husband around her little finger and made a weak-willed person out of him.

ДЕРЖАТЬ

держать кого-либо **в ежовых рукавицах**
to rule someone with an iron hand

Отец держал своих детей в ежовых рукавицах и контролировал каждый их шаг.
The father ruled his children with an iron hand and controlled their every step.

ДЕРЖАТЬ

держать кого-либо **в тисках**
to have someone in one's clutches

Мать держала свою дочь в тисках и никуда не разрешала ей ходить одной.
The mother had her daughter in her clutches and didn't let her go anywhere by herself.

ДЕРЖАТЬ

держать кого-либо **в чёрном теле**
to treat someone like a slave

Она держала падчерицу в чёрном теле и заставляла работать круглый день.
She treated her stepdaughter like a slave and made her work day and night.

ПЛЯСАТЬ

плясать под чью-либо **дудку**
to dance to someone else's tune

Под чужую дудку пляшут только безвольные люди.
Only weak-willed people dance to someone else's tune.

ПОДЧИНЯТЬ

подчинять/подчинить кого-либо **своей воли**
to bend someone to one's will

Он любит подчинять всех своей воле.
He likes to bend everyone to his will.

САДИТЬСЯ

садиться/сесть на голову кому-либо
to walk all over someone

Мать пожаловалась подруге на сына, сказав, что
тот сел ей на голову.
The mother complained to her friend about her son, saying
that he walked all over her.

СВЯЗЫВАТЬ

связывать/связать руки кому-либо
to tie someone's hands

Он связал руки моей сестре и не разрешил ей
учиться в университете.
He tied my sister's hands and didn't allow her to study at the
university.

16. Sensible Behavior

БРАТЬ

брать/взять себя в руки
to pull oneself together

В критических ситуациях он умел брать себя в руки.

In critical situations he was able to pull himself together.

БРАТЬСЯ

браться/взяться за ум
to come to one's senses

Наконец мой брат взялся за ум и начал посещать занятия.

At last my brother came to his senses and started to attend classes.

ВЕСТИ

вести/повести себя
to clean up one's act

Моя младшая сестра наконец повела себя разумно и устроилась на работу.

My little sister finally cleaned up her act and even got a job.

ДЕРЖАТЬ

держать себя в руках
to hold oneself in check

Он умеет держать себя в руках в любой трудной ситуации.

He can hold himself in check in any difficult situation.

ЗНАТЬ

знать меру в чём-либо
to know one's limits

Она знает меру во всём и не позволяет себе лишнего.

He knows his limits and does everything in moderation.

ЗНАТЬ

знать своё место
to keep oneself in line

Лаборант знал своё место и никогда не вмешивался в решения начальства.

The lab assistant kept himself in line and never interfered in his superiors' decisions.

НЕ УДАРИТЬ

не ударить лицом в грязь
to put one's best foot forward

Когда пойдёшь на собеседование, смотри, не ударь лицом в грязь.

When you go to the interview, put your best foot forward.

СДЕРЖИВАТЬ

сдерживать/сдержать себя
to control oneself

Хотя он и был оскорблён, но сдержал себя и ничего не ответил

Though offended, he controlled himself and said nothing.

17. Speech

Bluster, Nonsense

БРАТЬ

брать/взять с потолка
to make something up (out of whole cloth)

Я это не с потолка взял! У меня есть
доказательство.
I didn't make it up! I have the proof.

БРОСАТЬСЯ

бросаться словами
to use words lightly

Её сын словами не бросается, так что можешь на
него рассчитывать.
Her son doesn't use his words lightly, so you can rely on him.

ВЫСАСЫВАТЬ

высасывать/высосать что-либо **из пальца**
to make something up out of thin air

Многие из так называемых фактов, которые этот
писатель использовал в своей книге, были
высосаны из пальца.
Many of the so-called facts that this writer used in his book
were made up out of thin air.

ГОВОРИТЬ

говорить на ветер
to beat one's gums

Я не люблю говорить на ветер. Раз обещал вам помочь, значит помогу.

I don't like to beat my gums. Since I promised to help you, I will.

ИГРАТЬ

играть словами
to play with words

Не доверяй ему до конца! Он любит играть словами.

Don't trust him completely! He likes to play with words.

НЕСТИ

нести/понести чепуху
to talk through one's hat

Студент нёс такую чепуху, что профессору пришлось его остановить.

The student was talking through his hat, and the professor had to stop him.

РАЗВОДИТЬ

разводить тары-бары
to rattle on

Старик любил поговорить о своей молодости и, как начинал разводить тары-бары, остановить его было невозможно.

The old man liked to talk about his youth; and once he started to rattle on, it was impossible to stop him.

С

с пятого (с пятое) на десятое
to talk in circles

Трудно понять, о чём она говорит на лекциях, потому что она обычно перескакивает с пятого на десятое.

Her lectures are difficult to understand because she usually talks in circles.

Caution

ВЗВЕШИВАТЬ

взвешивть/взвесить свои слова
to weigh one's words

Она всегда взвешивает свои слова и никогда не говорит того, чего не следует.

She always weighs her words, never saying anything she shouldn't.

ЗАКИДЫВАТЬ

закидывать/закинуть удочку
to put out some feelers

Я решил закинуть удочку и выяснить, нет ли для меня работы в этой фирме.

I decided to put out some feelers to see if there was a job for me in this company.

ЗОНДИРОВАТЬ

зондировать/позондировать почву
to test the waters

Прежде чем вносить предложение, позондируй почву.
Before you make the proposal, you'd better test the waters.

Exaggeration

ДЕЛАТЬ

делать/сделать из мухи слона
to make a mountain out of a molehill

Я не верю в то, что он рассказывает. Он всегда делает из мухи слона.
I don't believe his story. He always makes a mountain out of a molehill.

СГУЩАТЬ

сгущать/сгустить краски
to lay it on thick

Когда она рассказывает о своей трудной жизни, она обычно сгущает краски.
When she talks about her difficult life, she usually lays it on thick.

Gossip, Talkativeness

БОЛТАТЬ

болтать языком
to wag one's tongue

Никому не рассказывай об этом. Нечего болтать языком!
Don't tell anybody about it. There is no need to wag your tongue!

ВЫНОСИТЬ

выносить/вынести сор из избы
to wash one's dirty linen in public

Он был уверен, что никто из его друзей не вынесет сора из избы. Они умели хранить секреты.

He was sure that none of his friends would wash their dirty linen in public. They knew how to keep secrets.

ЗВОНИТЬ

звонить/раззвонить (трезвонить) во все колокола
to tell the whole world

Мой друг раззвонил во все колокола, что я собираюсь жениться.

My friend told the whole world that I was going to get married.

ТОЧИТЬ

точить/поточить лясы
to chat away

Вечером девушки любили сидеть на крыльце, точить лясы и обсуждать своих парней.

In the evening young girls enjoyed sitting on the porch, chatting away and discussing their boyfriends.

Irrelevance, Tedium

ТЯНУТЬ

тянуть канитель
to drag on

Выступающий тянул канитель, и я чуть не заснула.

The speaker dragged on, and I almost fell asleep.

ТЯНУТЬ

тянуть кота за хвост
to chatter on

"Не тяни кота за хвост! Переходи к делу", сказал отец сыну.
"Don't chatter on! Come to the point," the father said to his son.

ХОДИТЬ

ходить вокруг да около
to beat around the bush

Не ходи вокруг да около! Говори, что случилось!
Don't beat around the bush! Tell us what happened!

Silence

ДЕРЖАТЬ

держать язык за зубами
to hold one's tongue

Мне хотелось всем рассказать о том, что произошло, но я решил, что лучше держать язык за зубами.
I wanted to tell everyone about what had happened, but I thought it would be better to hold my tongue.

КАК

нем как рыба
as quiet as a mouse

Обычно Марк не любил, когда ему задавали вопросы. Он просто кивал головой и оставался нем как рыба.

Generally Mark didn't like to be asked questions; he would simply nod his head and remain as quiet as a mouse.

НАБИРАТЬ

набирать/набрать в рот воды
to keep mum

В течение всей поездки он как воды в рот набрал.
During the whole trip, he kept mum.

ПРОГЛОТИТЬ

проглотить язык
to lose one's tongue

Когда Тамара стала расспрашивать Вадима о его личной жизни, он как-будто язык проглотил.
When Tamara started to ask Vadim about his personal life, he lost his tongue.

ТЕРЯТЬ

терять/потерять дар речи
to be tongue-tied

Когда я нервничаю, я обычно теряю дар речи.
When I am nervous I usually become tongue-tied.

ТЫ

Ты (он, она . . . . .) что, язык проглотил?
Cat got your tongue?

Ты что, язык проглотил? Почему молчишь?
Why are you so quiet? Cat got your tongue?

18. Tiredness

БЕЗ

без задних ног
dead on one's feet

Он работал почтальоном и каждый день приходил домой без задних ног.

He worked as a postman and every day would come home dead on his feet.

БЫТЬ

быть без ног
to be on one's last legs

Вчера я столько ходил, что к вечеру был без ног.
Yesterday I walked so much that by evening I was on my last legs.

БЫТЬ

быть (чувствовать себя) смертельно уставшим
to be dead tired

Игорь всю ночь не спал и утром не смог пойти на работу, так как чувствовал себя смертельно уставшим.

Igor didn't sleep all night, and in the morning, he couldn't go to work because he was dead tired.

ВАЛИТЬСЯ

валиться (падать) с ног
to feel weary to the bone

Я с ног валюсь. Так хочется поехать куда-нибудь в горы и отдохнуть!
I feel weary to the bone. I'm dying to go somewhere in the mountains to rest!

ВОЛОЧИТЬ

еле волочить ноги
to feel dragged out

Она так много работает, что к вечеру еле волочит ноги.
She works so hard that by evening she feels dragged out.

ВЫБИВАТЬСЯ

выбиваться/выбиться из сил
to be out of energy

К концу рабочей недели я совсем выбиваюсь из сил.
By the end of the week I'm out of energy.

ДЕРЖАТЬСЯ

еле держатся на ногах [от усталости]
to be ready to drop

Я еле держусь на ногах. У меня был такой ужасный день!
I'm ready to drop. I've had such a terrible day!

КАК

как выжатый лимон
to be worn out

Посмотри на него, он как выжатый лимон! Думаю, он не дотянет до финиша.

Look at him; he is worn out! I don't think he'll make it to the finish line.

НЕ ДЕРЖАТ

ноги не держат кого-либо
to be dead beat

После такого напряжённого дня меня просто ноги не держат.

After such a stressful day, I'm simply dead beat.

ПАДАТЬ

падать/упасть от усталости
to drop in one's tracks

Мой брат работает на стройке по десять-пятнадцать часов в сутки и к вечеру просто падает от усталости.

He works at the construction site for ten to fifteen hours a day, and by evening he simply drops in his tracks.

УСТАВАТЬ

уставать/устать как собака
to be dog-tired

Вчера я работал так много, что устал как собака.

Yesterday I worked so much that I was dog-tired.

19. Uncertainty

БАБУШКА

Бабушка надвое сказала.
We'll see what we shall see.

Плату за обучение могут поднять, но это ещё бабушка надвое сказала.
Tuition may be raised, but we'll see what we shall see.

ВИЛАМИ

Вилами по воде писано.
It's up in the air.

"Говорят, Марина выходит замуж. Это правда?"
"Нет, думаю, это ещё вилами по воде писано".
"They say Marina is getting married. Is that true?" "No, I think it's still up in the air."

ВИСЕТЬ

висеть/повиснуть (повисать) в воздухе
to be hanging in the balance

Моя поездка на Урал, к сожалению, всё еще висит в воздухе.
Unfortunately, my trip to the Urals is still hanging in the balance.

КОГДА

Когда рак свистнет.
when hell freezes over

Он закончит эту работу, когда рак свистнет.
He'll finish this work when hell freezes over.

ПОД

под большим вопросом
to remain to be seen

Моя поездка в Австралию под большим вопросом.
Whether I will go to Australia remains to be seen.

ПОСЛЕ

После дождичка в четверг.
when pigs fly

"Когда ты придёшь посмотреть мою новую
квартиру?", спросил Вадим у Наташи. "После
дождичка в четверг", шутливо ответила она.
"When will you come to see my new apartment?" Vadim asked
Natasha. "When pigs fly," she answered jokingly.

20. Way of Life

ВАРИТЬСЯ

**вариться в собственном соку
to keep to oneself**

Целый день он сидит дома и варится в собственном соку.

He doesn't go out all day; he just keeps to himself.

ЖИТЬ

**жить/пожить в своё удовольствие
to have one's fun**

Я много путешествовал, повидал в жизни много интересного и пожил в своё удовольствие.

I've traveled much and seen many interesting things in my life; I've had my fun.

ЖИТЬ

**в четырёх стенах жить/прожить
to become a stay-at-home**

После смерти мужа она жила в четырёх стенах.

After her husband died, she became a stay-at-home.

ЖИТЬ

**жить иллюзиями
to live in an ivory tower**

Она живёт иллюзиями и поэтому всегда страдает, когда соприкасается с реальностью.

She lives in an ivory tower, and that's why she always suffers when she comes into contact with real life.

ЖИТЬ

жить как на вулкане
to be sitting on a powder keg

Он жил как на вулкане, каждый день рискуя быть
арестованным за свой нелегальный бизнес.
He was sitting on a powder keg, risking arrest every day for his
illegal business dealings.

ЖИТЬ

жить на средства кого-либо
to live off someone

Вместо того, чтобы начать работать, он живёт на
средства родителей.
Instead of starting to work, he lives off his parents.

ЖИТЬ

жить одиноко
to live a solitary life

Я никого не знала в городе и жила одиноко.
I didn't know anybody in the city, so I lived a solitary life.

ЖИТЬ

жить полной жизнью
to live a full life

Моей матери уже 83 года, но она живёт полной
жизнью.
My mother is already 83, but she lives a full life.

ЖИТЬЁ

житья нет от кого-либо
to make life miserable for someone

У Ивана не было житья от соседа, который по
ночам так шумел, что невозможно было спать.
His neighbor made life miserable for him; he was so noisy at
night that it was impossible to sleep.

ЗАМЫКАТЬСЯ

замыкаться/замкнуться в себе
to retire into one's shell

Она замкнулась в себе и перестала общаться с
друзьями.
She retired into her shell and stopped seeing her friends.

УКАЗАТЕЛЬ ИДИОМ РУССКОГО ЯЗЫКА

Л

ENGLISH INDEX

A

L

M